危险货物
道路运输车辆长大隧道通行安全管控理论与实践

Safety Control Theory and Practice on Transport Vehicles of Dangerous Goods Through Long Road Tunnel

范文姬　吴金中　陈　达　田诗慧　编著

人民交通出版社股份有限公司
北　京

内 容 提 要

本书针对危险货物道路运输安全管理中长大隧道通行问题进行了系统论述，包括国内外危险货物道路运输车辆长大隧道通行管理现状和问题、安全评估技术、安全管控框架、智能管控技术、安全应急管理体系等内容。

本书可作为危险货物道路运输行业管理人员日常管理、企业从业人员培训、学习的参考资料。

图书在版编目（CIP）数据

危险货物道路运输车辆长大隧道通行安全管控理论与实践 / 范文姬等编著. — 北京：人民交通出版社股份有限公司, 2020.10

ISBN 978-7-114-16386-9

Ⅰ. ①危… Ⅱ. ①范… Ⅲ. ①危险货物运输—长大隧道—交通运输安全—安全管理 Ⅳ. ①U294.8

中国版本图书馆CIP数据核字（2020）第038458号

Weixian Huowu Daolu Yunshu Cheliang Changda Suidao Tongxing Anquan Guankong Lilun yu Shijian

书　　名：危险货物道路运输车辆长大隧道通行安全管控理论与实践
著 作 者：范文姬　吴金中　陈　达　田诗慧
责任编辑：薛　亮　董　倩
责任校对：刘　芹
责任印制：张　凯
出版发行：人民交通出版社股份有限公司
地　　址：（100011）北京市朝阳区安定门外外馆斜街3号
网　　址：http：//www.ccpcl.com.cn
销售电话：（010）59757973
总 经 销：人民交通出版社股份有限公司发行部
经　　销：各地新华书店
印　　刷：北京交通印务有限公司
开　　本：720 × 960　1/16
印　　张：10.5
字　　数：147千
版　　次：2020年10月　第1版
印　　次：2021年 6 月　第2次印刷
书　　号：ISBN 978-7-114-16386-9
定　　价：50 .00元

前　言
PREFACE

我国是危险化学品的生产和消费大国，危险货物道路运输安全，事关我国经济发展和人民群众生命财产安全，与我们每个人的生活息息相关。近些年，我国危险货物道路运输行业管理不断规范、发展形势持续向好，但事故多发频发势头没有得到有效遏制。例如，2014年，晋济高速公路山西晋城段岩后隧道“3・1”特别重大道路交通危化品燃爆事故；2017年，张石高速公路浮图峪5号隧道“5・23”重大危险化学品运输车辆燃爆事故等，都造成了严重的事故后果。这些事故发生后，危险货物道路运输车辆通行公路隧道，特别是通行长大隧道的问题得到了更多的社会关注。行业管理部门为保障安全，采取禁止危险货物道路运输车辆通行的方法，如针对桥梁、隧道等特殊路段采取禁止危险货物道路运输车辆通行的“一刀切”措施，危险货物道路运输车辆被迫长距离绕行，不但增加了企业运输成本，也相应地增加了运输风险。危险货物道路运输车辆通行长大隧道虽然存在一定安全风险，但应从安全、便利通行两个方面，根据不同危险货物的危险特性以及通行环境进行综合评估，不宜“一禁了之”。

本书借鉴国外危险货物道路运输车辆通行隧道的先进管理经验，对危险货物道路运输安全管理中长大隧道通行问题进行了系统论述，内容主要包括我国危险货物道路运输车辆隧道通行管理概述，国外危险货物道路运输车辆隧道通行管理现状，危险货物道路运输车辆长大隧道通行安全评估技术、安全管控框架、智能管控技术和安全应急管理体系。可作为危险货物道路运输行业管理人员日常管理、企业从业人员安全培训、学习的参考资料。

本书由范文姬、吴金中、陈达、田诗慧主编，参与编写的还有赵亿滨、沈梦青。

限于编者的经历和水平，书中难免有不妥或错误之处，敬请批评指正，提出修改意见和建议，以便再版修订时改正。

编　者

2020年7月

目　　录
CONTENTS

第一章 01
CHAPTER

我国危险货物道路运输车辆隧道通行管理概述

随着工业化、城镇化进程加快，经济迅速增长，危险货物运输量逐年增大。道路运输已成为我国危险货物运输的主要方式，据不完全统计，2019年，完成危险货物运输量约20亿t，占各种运输方式危险货物运输量的56%以上。随着我国公路建设事业的快速发展，公路隧道的建设规模不断向长、大方向发展，长大公路隧道的数量迅速增加。公路隧道在促进当地经济发展的同时，也带来了十分严峻的隧道安全通行问题。近年来，我国发生了多起危险货物隧道运输事故，造成大量人员伤亡和财产损失。例如，2014年，晋济高速公路山西晋城段岩后隧道"3·1"特别重大道路交通危化品燃爆事故，造成40人死亡、12人受伤和42辆车烧毁；2017年，张石高速公路浮图峪5号隧道"5·23"重大危险化学品运输车辆燃爆事故，造成15人死亡、3人重度烧伤，8辆货车、1辆小型客车受损，43户民房受损、16名村民轻微受伤，造成直接经济损失4200多万元。由于隧道是相对封闭的空间，相对开放空间交通环境更复杂，一旦发生事故，具有损害严重、伤亡比例大、易引发二次事故、救援困难等特点。为了避免发生危险货物隧道运输事故，一些地方出台了很多危险货物道路运输车辆隧道通行规定，甚至"一刀切"地禁止所有危险货物道路运输车辆通行。但是，禁止部分或所有危险货物道路运输车辆通行将产生以下几方面的影响：一是隧道作为路网中的关键节点，绕行回避会增加危险货物公路运输距离，提高运输成本；二是绕行线路一般为普通公路，其中多为乡村公路，一旦发生事故，事故后果将更加严重；三是绕行带来的成本增加，使得一些不法企业，将危险货物谎报瞒报成普通货物，通过隧道运输，从而产生更大的安全隐患。

第一节　我国危险货物道路运输管理现状

一、我国化工产业发展现状

1. 石油化工产业发展现状

1）总体情况

随着经济社会的快速发展，化工行业成为国民经济支柱产业之一。我国已成为危险化学品生产使用大国，危险化学品年产量占世界总产量的40%。近年来，我国化工产业持续快速增长，2019年产值达12.27万亿元，占国内生产总值的12.39%。

2）三大业务板块运行情况

（1）石油和天然气开采业。截至2019年底，石油和天然气开采业规模以上企业302家，全年实现利润总额1628.6亿元，同比增长6.1%，占石油和化工行业利润总额的24.4%；石油和天然气开采业营业收入的成本7605.4亿元，同比增长4.7%；每100元营业收入的成本68.94元，创2年来新高。2019年，石油和天然气开采业亏损面达21.2%；亏损企业亏损额252.0亿元，同比下降39.1%；资产总计2.54万亿元，同比增长14.4%；资产负债率47.19%，同比增长3.36个百分点。2019年，石油和天然气开采业营业收入利润率为14.76%，同比增长0.51个百分点。

2019年全年原油加工量6.52亿t，同比增长7.6%；成品油产量（汽、煤、柴油合计，下同）3.60亿t，同比增长0.2%，其中，柴油产量1.66亿t，同比下降4.0%；汽油产量1.41亿t，同比增长1.9%；煤油产量5272.6万t，同比增长10.6%。2019年，成品油出口总额328.8亿美元，同比增长9.4%；液化天然气产量1165.0万t，同比增长15.6%。全年进口原油5.06亿t，同比增长9.5%，增速同比下降0.5个百分点，连续3年维持在10%左右；进口天然气1348.0亿m^3，同比增长7.3%。

（2）炼油业。截至2019年底，炼油业规模以上企业1124家，全年实现利润总额947.0亿元，同比下降42.1%，降幅较前11个月收窄7.1个百分点，占石油和化工行业利润总额的14.2%。炼油业营业收入的成本3.35万亿元，同比增长8.4%；每100元营业收入的成本83.16元，同比增长2.91元，为5年来新高。2019年，炼油业亏损面达26.1%；亏损企业亏损额199.9亿元，同比增长71.0%；资产总计2.59万亿元，同比增长19.7%；资产负债率64.25%，同比增长4.46个百分点。2019年，炼油业营业收入利润率为2.35%，同比下降1.90个百分点。

（3）化学工业。截至2019年底，化学工业规模以上企业223335家，全年实现利润总额3978.4亿元，同比下降13.9%，占石油和化工行业利润总额的59.5%。进入21世纪以来，化工行业共有3次利润下降，本次降幅最大。从各主要板块来看，专用化学品、涂（颜）料制造和橡胶制品等利润保持增长，同比增速分别为1.4%、8.1%和9.7%；农药制造利润持平；基础化学原料制造利润同比降幅仍较大，为30.5%；合成材料制造利润同比下降7.0%；肥料制造和化学矿采选利润同比分别下降38.0%和22.5%；煤化工产品制造利润同比降幅最大，达136.5%。化工行业营业收入的成本5.83万亿元，同比下降0.1%；每100元营业收入的成本84.58元，同比增长0.69元。其中，专用化学品制造每100元营业收入成本为83.12元，涂（颜）料制造为78.68元，橡胶制品为84.28元，基础化学原料制造为85.18元，合成材料制造为87.16元，肥料制造为86.08元，煤化工产品制造为91.15元。2019年，化工行业亏损面达17.1%，同比扩大0.9个百分点；资产总计7.86万亿元，同比增长2.8%；资产负债率55.91%，同比下降0.37个百分点。2019年，化工行业营业收入利润率为5.78%，同比下降0.87个百分点。

2019年，主要化学品总体呈增长态势。全国乙烯产量2052.3万t，同比增长9.4%；纯苯861.8万t，同比下降2.1%；甲醇4936.3万t，同比增长0.4%；涂料2438.8万t，同比增长2.6%；化学试剂2360.7万t，同比增长12.0%；硫酸8935.7

万t，同比增长1.2%；烧碱3464.4万t，同比增长0.5%；纯碱2887.7万t，同比增长7.6%；合成树脂9574.4万t，同比增长9.3%；合成纤维单（聚合）体7405.9万t，同比增长9.9%。此外，生产轮胎外胎8.42亿条，同比增长1.9%。

2019年，全国化肥产量在连续3年下降后出现小幅回升，全年产量（折纯，下同）达5624.9万t，同比增长3.6%。其中，氮肥产量3577.3万t，同比增长5.3%；磷肥产量1211.7万t，同比下降6.9%；钾肥产量762.2万t，同比增长11.7%。全年农药原药产量（折100%）225.4万t，同比增长1.4%。其中，除草剂（原药）产量93.5万t，同比增长0.4%。此外，农用薄膜产量85.2万t，同比下降10.6%。

3）市场主体

截至2019年底，我国石油和化学工业现存续（仍正常经营，未吊销、注销，持有有效组织机构代码证书或统一社会信用代码证书）各类生产型市场主体总量为137642家，其中，企业121847家，占市场主体总量的88.5%［规模以上企业（法人）27790家］；个体工商户15795家，占市场主体总量的11.5%。批发零售类市场主体总量为362389家，其中，石油和化工产品批发业实有市场主体249193家，占批发零售类市场主体总量的68.8%；以机动车燃料销售为主的零售业（经营加油站、加气站）市场主体113196家，占批发零售类市场主体总量的31.2%。

从生产类市场主体所属行政区划来看，山东省是我国拥有石油和化工产品生产类市场主体数量最多的省份，市场主体数量为20658家，占市场主体总量的15.0%；浙江省居第二位，市场主体数量为20378家，占市场主体总量的14.8%；广东省、河北省、辽宁省、江苏省、福建省的市场主体数量依次位居第三到第七位。排名前两位的省份市场主体数量都超过2万家，排名前七位的省份市场主体数量都超过5千家（图1-1）。

从批发零售类市场主体所属行政区划来看，我国拥有石油和化工产品批发零售类市场主体数量排名前两位的分别是山东省和浙江省。山东省市场主体数量为50836家，占市场主体总量的14.0%；浙江省市场主体数量为35890

家，占市场主体总量的9.9%。排名前六位的山东省、浙江省、广东省、上海市、河北省、江苏省的石油和化工产品批发零售类市场主体数量都超过2万家（图1-2）。

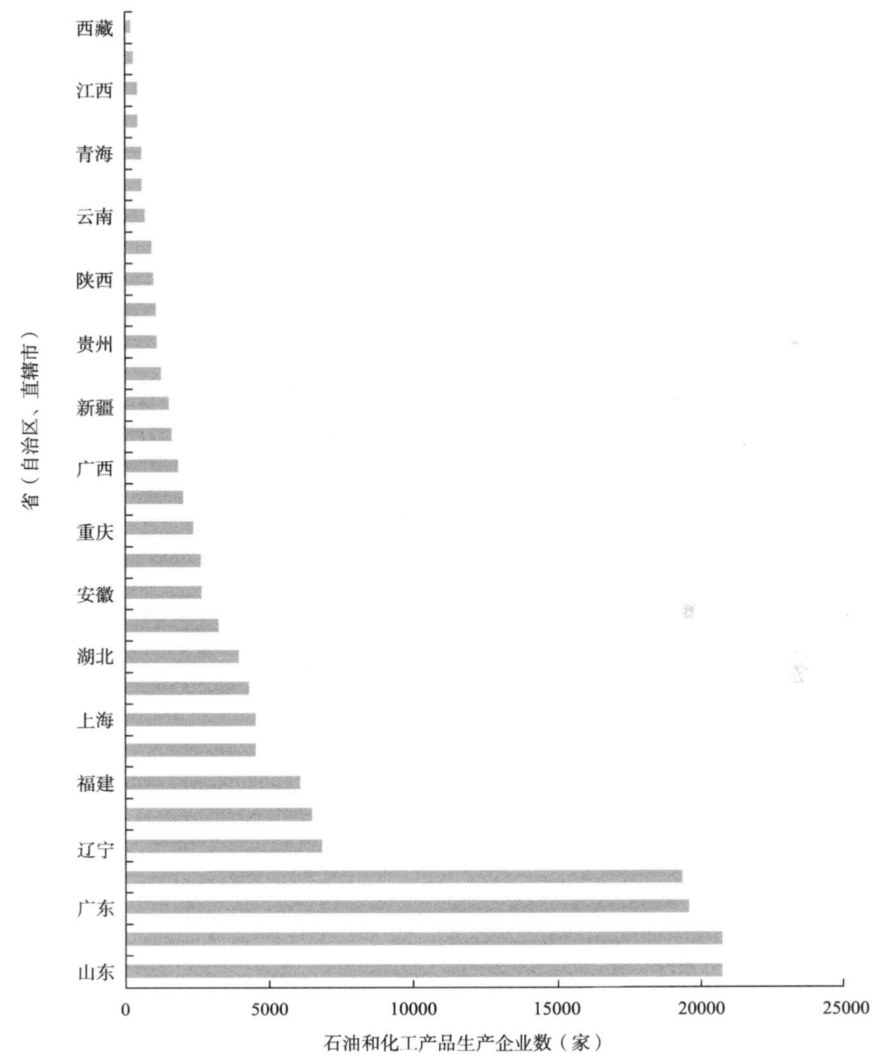

图1-1　石油和化工产品生产类市场主体分布情况

由于设备老化、化工围城的矛盾等，我国危险化学品安全生产工作问题日益凸显，国家相关部门出台政策，明确提出了危险化学品生产企业搬迁改造目标。2018年，我国各地积极响应改造计划，危险化学品生产企业入驻化工园区，逐步迈向规范化。截至2019年底，搬迁各类化工园区共850余家，千亿元级产值的有10余家，500亿元产值以上的有42家，100亿~500亿元产值的有155家（表1-1）。化工园区已经成为我国石油化工行业集约、循环、绿色发展的重要载体。

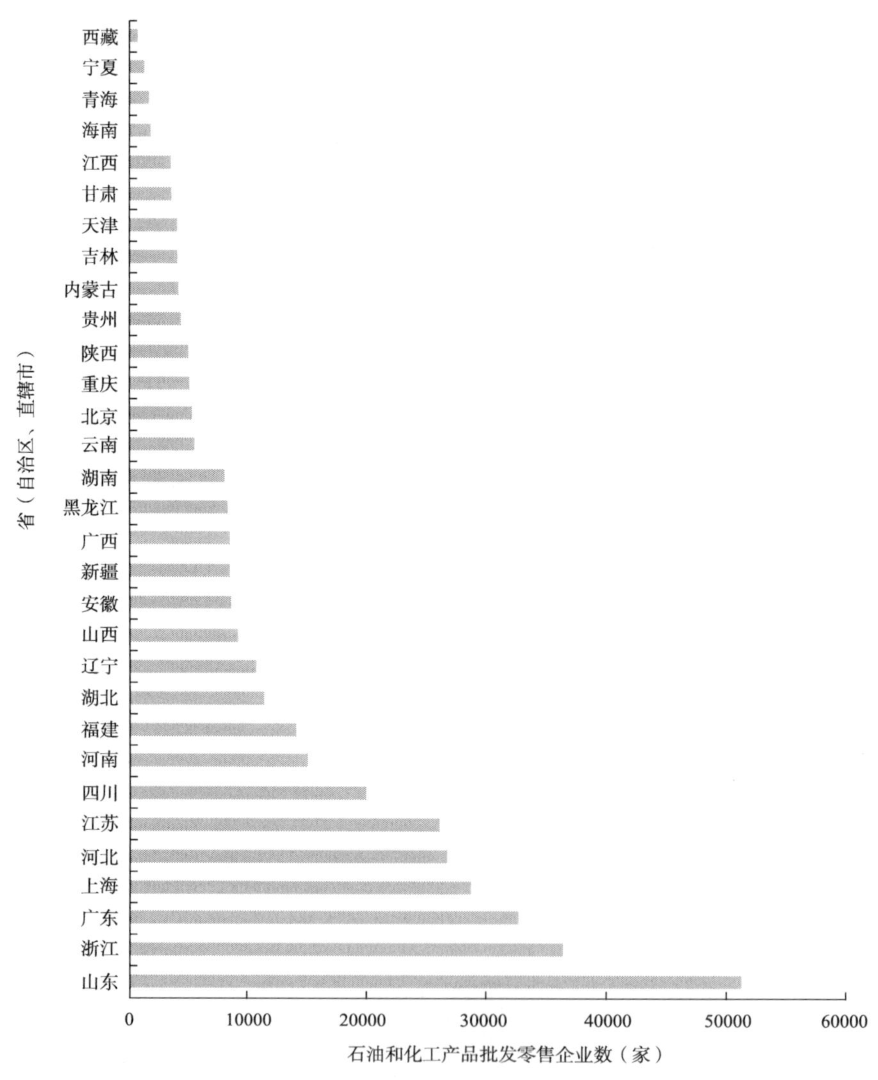

图1-2　石油和化工产品批发零售类市场主体分布情况

全国化工园区各省（自治区、直辖市）分布数量统计表 表1-1

序号	省（自治区、直辖市）	化工园区数量（家）
1	北京	1
2	天津	2
3	河北	18
4	山西	18
5	内蒙古	35
6	辽宁	13
7	吉林	2
8	黑龙江	8
9	上海	2
10	江苏	39
11	浙江	13
12	安徽	8
13	福建	8
14	江西	6
15	山东	36
16	河南	21
17	湖北	27
18	湖南	10
19	广东	17
20	广西	1
21	海南	0
22	重庆	3
23	四川	19
24	贵州	9
25	云南	6
26	西藏	0
27	陕西	10
28	甘肃	15
29	青海	3
30	宁夏	5
31	新疆	36

2. 民用爆炸物品和烟花爆竹产业发展现状

民用爆炸物品和烟花爆竹的运输是危险货物运输的重要组成部分，保障民用爆炸物品和烟花爆竹运输的安全性具有重要意义。

1）民用爆炸物品情况

民用爆破器材行业作为国家的基础性行业，其产品广泛用于采矿、冶金、交通、水利、电力、建筑和石油等多个领域，尤其在基础工业、重要的大型基础设施建设领域中具有不可替代的作用，素来被称作“基础工业的基础，能源工业的能源”。我国民用爆炸物品行业主要产品有工业炸药、工业雷管、工业导爆索等19个小类，110多个品种。其中，工业炸药占主导地位，占总体民用爆炸物品市场的80%，工业雷管占比16%，工业导爆索类和其他占比4%（图1-3）。

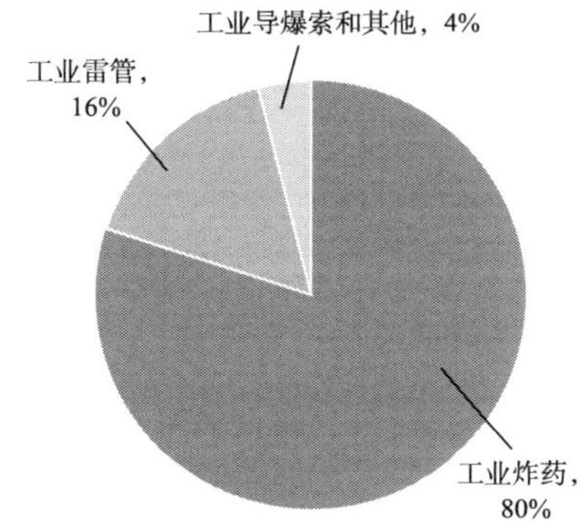

图1-3 我国民用爆炸物品行业产品结构占比

（1）工业炸药。从工业炸药品种销量变化情况来看，近几年，我国工业炸药产量整体保持在350万~450万t。2014—2016年，我国工业炸药产量呈逐渐下降的趋势，2016年产量为351.29万t，为近几年最低值;2017—2019年，我国工业炸药产量呈逐渐上升的趋势，2018年产量为427.74万t，同比增长8.61%；2019年产量为440.96万t，同比增长3.09%。2019年我国工业炸药总运输量为322.59万t，同比增长0.64%，增长率较2018年降低6.41个百分点。

2019年胶状乳化炸药产量269.61万t，同比增长2.03%，占炸药总产量的61.14%，较2018年下降0.6个百分点。2019年多孔粒状铵油炸药产量为78.49万t，同比增长9.45%，占炸药总产量的17.80%，较2018年增长1个百分点。2019年粉状炸药产量为84.66万t，占炸药总产量的6.86%（图1-4）。

从总量上看，2019年有7个省（自治区）工业炸药年产量超过20万t，分别是内蒙古、陕西、四川、辽宁、云南、新疆和贵州，其中内蒙古炸药年产量超过53万t，约占行业总产量的12%，继续保持行业第一。

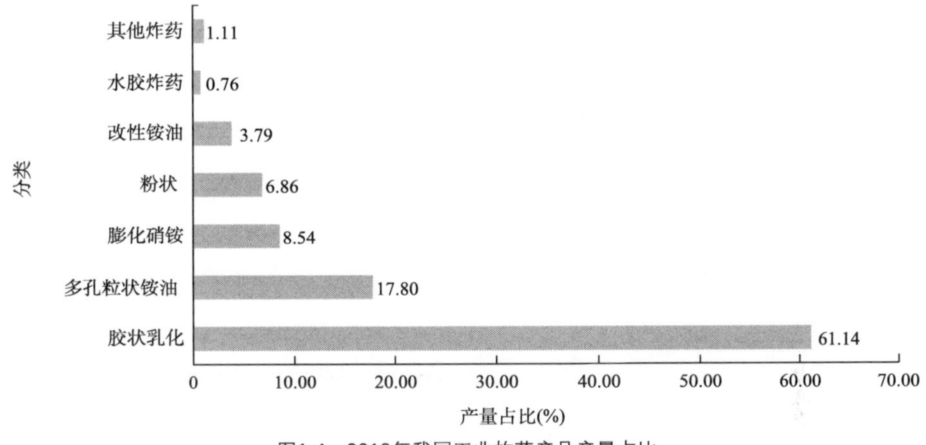

图1-4　2019年我国工业炸药产品产量占比

（2）工业雷管。从工业雷管产量来看，2018年我国工业雷管产量达12.50亿发，同比增长4.25%。2019年我国工业雷管产量为10.97亿发，同比下降12.24%（图1-5），其中电子雷管的产量、占比和增速继续保持高速增长的势头。

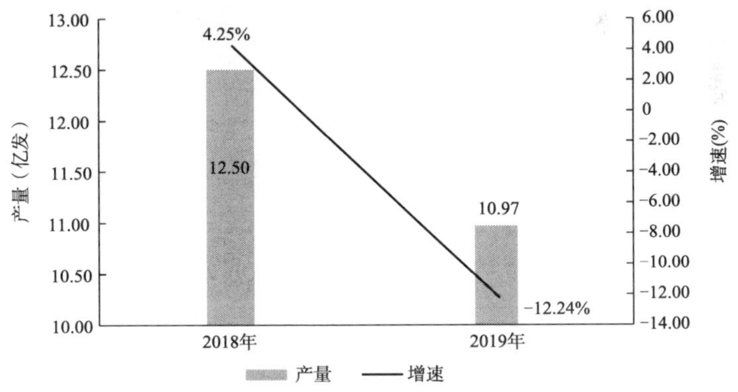

图1-5　2018—2019年我国工业雷管产量及增速

从雷管产品结构来看，2019年导爆管雷管产量为7.26亿发，占雷管总产量的66.18%；工业雷管产量为2.83亿发，占雷管总产量的25.80%；电子雷管产量为0.60亿发，占雷管总产量的5.47%；其他雷管产量占雷管总产量的2.55%（图1-6）。

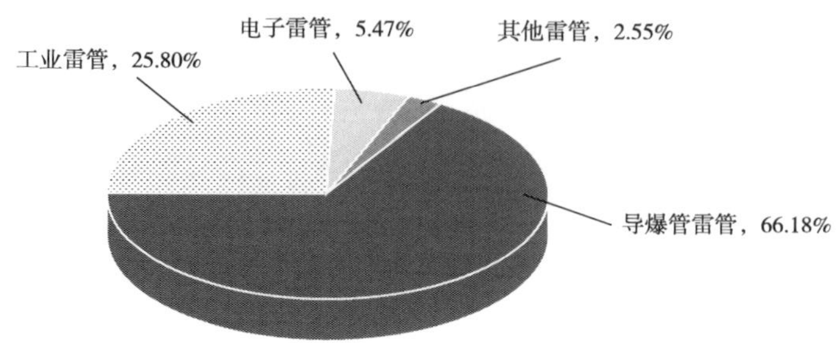

图1-6　2019年我国工业雷管分类产量

2019年我国工业雷管总运输量为11.13万t，同比减少11.67%，增长率较2018年降低17.73个百分点。

2）烟花爆竹情况

目前，我国是全球最大的花炮生产、出口和消费国，花炮产量占世界产量的90%，贸易量占世界贸易量的80%。我国烟花爆竹生产主要分布在湖南省浏阳、醴陵两市，江西省万载、萍乡、上栗等市县和广西壮族自治区北海市，江苏省建湖、浙江省桐庐、河北省安平等地也有少量生产。据不完全统计，我国现有出口烟花爆竹生产企业700余家、出口企业170余家，主要分布于湖南、江西、江苏、广西等省（自治区），其中，以湖南、江西两省产量最高，合计超过2000万箱，占我国年产量的80%以上。烟花爆竹出口口岸主要集中在上海。

二、危险货物道路运输管理现状

危险化学品种类繁多，用途广泛，与工业、农业、医药、能源、服装、日化等行业都密切相关，人们衣食住行、生产生活都离不开危险化学品。目前，全球已知名称的化学品有150多万种，每天以几十种新产品的速度增长，其中5000余种为常用危险货物。我国石油和化工产业，总产值约占国民生产总值的20%，消费额占全世界总消费额的40%，已成为我国重要的基础产业和支柱产业之一。我国很多化工产品子行业都已居于全球前列，例如，聚氨酯材料（MDI）产业链、丙烯酸产业链、塑胶炸药（C4）产业链、锂电池产业链等。

随着危险化学品生产量的逐年增加，我国危险货物运输行业规模持续扩大。

1. 市场主体

截至2019年底，我国从事危险货物道路运输的业户为12988户，同比增长5.7%，其中经营性危险货物道路运输业户有12783户，占比98.4%，同比增长7.3%（图1-7）；非经营性危险货物道路运输业户有205户，同比增长8.5%。

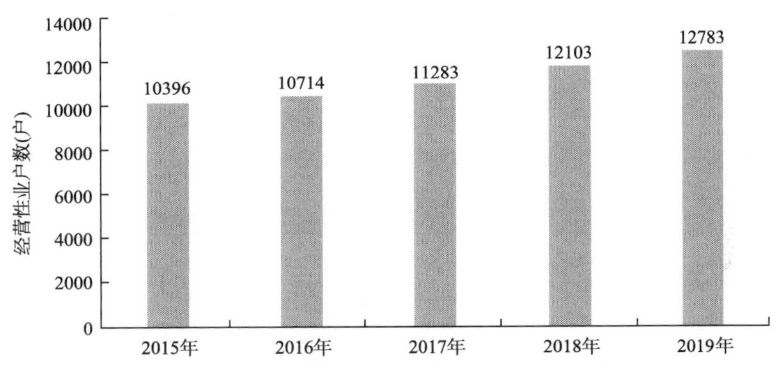

图1-7 2015—2019年我国经营性危险货物道路运输业户发展情况

危险货物道路运输业户经营范围以第2类、第3类、第8类危险货物居多。截至2019年底，第3类危险货物（易燃液体）运输业户最多，为8498户；其次是第2类危险货物（气体）运输业户，为7614户；第8类危险货物（腐蚀性物质）运输业户相对较少，为4804户（图1-8）。

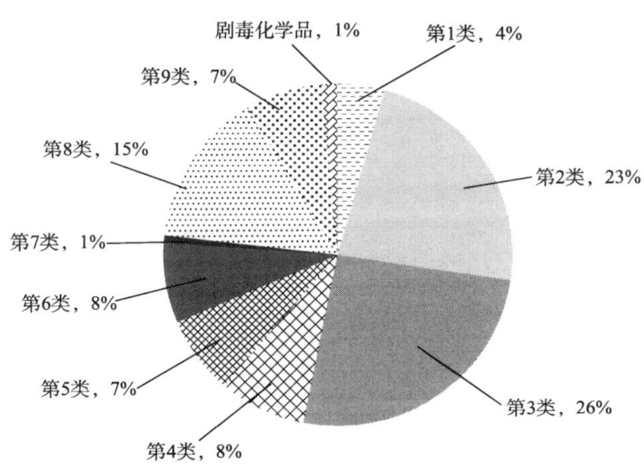

图1-8 2019年各类危险货物运输业户占比

2. 运输工具

截至2019年底，我国危险货物道路运输车辆（包含危险货物道路运输挂车）达37.5万辆，同比下降0.1%，平均每个经营业户拥有车辆30.3辆，同比下降2.2辆；危险货物道路运输车辆吨位总计727.9万t，同比增长3.6%，平均每户车辆载重吨位为592.2t，同比下降2.9%（图1-9）。

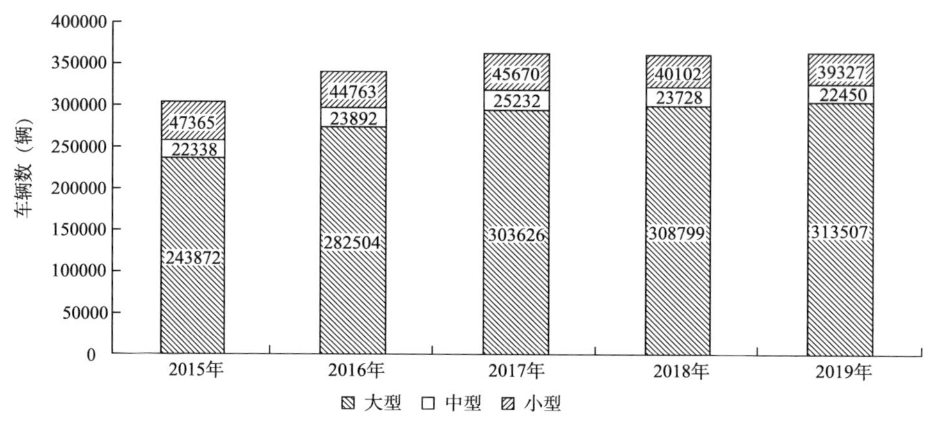

图1-9　2015—2019年我国危险货物道路运输车辆发展情况

我国危险货物道路运输车辆总计吨位前10位的省（自治区）如图1-10所示，山东省危险货物道路运输车辆总吨位达到87.9万t，排名第一位。

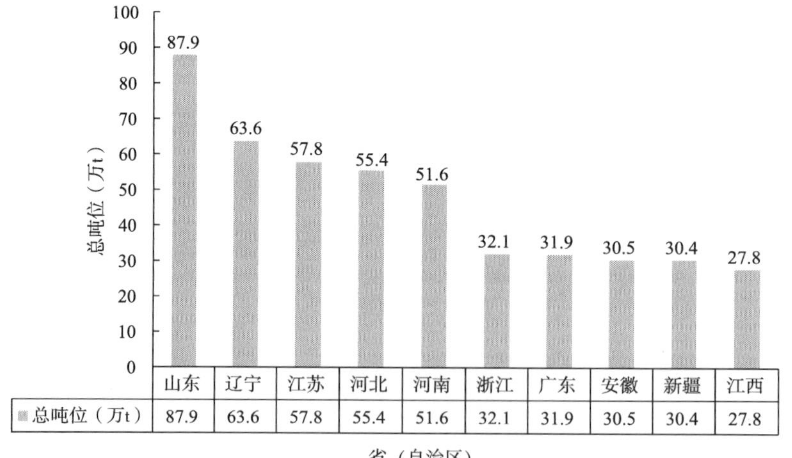

	山东	辽宁	江苏	河北	河南	浙江	广东	安徽	新疆	江西
总吨位（万t）	87.9	63.6	57.8	55.4	51.6	32.1	31.9	30.5	30.4	27.8

图1-10　2019年我国危险货物道路运输车辆总计吨位前10位省（自治区）

据不完全统计，截至2019年底，我国共有常压液体危险货物运输罐车约18万辆，占危险货物道路运输车辆的48.9%，是危险货物道路运输车辆的主要车型，主要用于运输易燃液体和腐蚀性液体。

3. 配套设施和检验机构

我国危险货物运输罐车罐体以及气瓶等容器的定期检测由特种设备检验检测机构进行。截至2019年底，我国共有特种设备系统检验机构270个，气瓶检验机构2065个。

中国船级社是我国比较权威的具备罐箱检测资质的机构。

4. 从业人员

截至2019年底，我国有危险货物道路运输驾驶员79.4万人，押运人员79.6万人，装卸管理人员6.6万人（图1-11）。

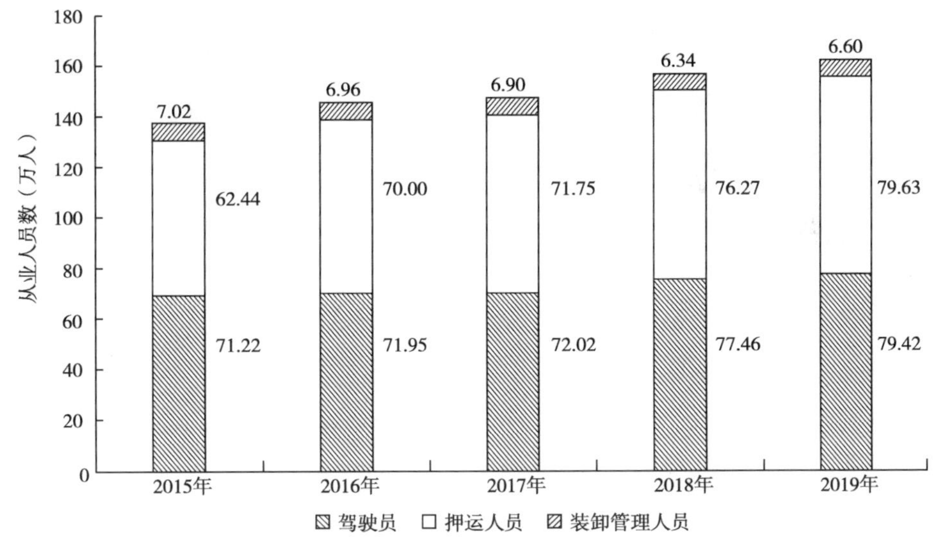

图1-11　2015—2019年我国危险货物道路运输从业人员发展情况

三、危险货物道路运输车辆隧道通行管理现状

2014年，晋济高速公路山西晋城段岩后隧道“3·1”特别重大道路交通危化品燃爆事故发生后，危险货物道路运输车辆通行隧道的安全性引起了国

家各级政府部门的高度重视，相关部门纷纷出台（或修订）了关于危险货物道路运输车辆通行隧道的相关管理规定。这些管理规定主要分为三种：一是允许通行危险货物道路运输车辆；二是限时段允许通行危险货物道路运输车辆；三是全面禁止通行危险货物道路运输车辆。代表性的隧道有秦岭终南山公路隧道、上海长江隧道、南京长江隧道、厦门翔安隧道、青岛胶州湾隧道等。

1. 秦岭终南山公路隧道

秦岭终南山公路隧道北起西安市长安区青岔，南至商洛市柞水县营盘镇，是国家规划的西部大通道包（头）茂（名）高速公路隧道工程，也是陕西“三纵四横五辐射”公路网西安至安康高速公路的重要组成部分。单洞长18.02km，双洞共长36.04km，是举世瞩目的世界级工程。该隧道已于2007年1月20日通车运营，目前日平均交通量2000多辆。

秦岭终南山公路隧道属于特长隧道，柞水至安康以及后续段高速公路建成通车后，隧道的交通量将持续增长。根据最新研究提出的隧道安全等级的评价指标，秦岭终南山公路隧道的安全等级属于Ⅰ级（最高级），因而应对通过秦岭终南山公路隧道的危险货物等危及隧道安全的车辆的通行予以限制或者管制。

2007年2月1日，陕西省交通厅和公安厅联合颁布了《陕西省交通厅、陕西省公安厅关于加强秦岭终南山公路隧道安全管理的通告》，第四条要求运输爆炸物品、易燃易爆化学物品以及剧毒、放射性等危险品的车辆禁止从隧道通过。该通告的颁布，为秦岭终南山公路隧道的运营安全提供了一定的保障。

2. 上海长江隧道

上海长江隧桥工程，采用“南隧北桥”方案，包括上海长江大桥和长江隧道工程两部分。其中，以隧道方式穿越长江南港水域，长约8.9km；以桥梁方式跨越长江北港水域，长约10.3km。2009年10月31日通车。隧桥全面禁止危险货物道路运输车辆通行。

3. 南京长江隧道

南京长江隧道位于南京扬子江隧道与南京长江三桥之间，是沟通南京江北新区、河西新城和江南主城的重要过江通道之一，对于缓解南京市跨江交通压力、促进沿江发展具有重大意义。长江隧道为双向六车道，设计时速80km/h，穿越长江的左右线盾构隧道的总长度约为6.0km。

《南京市长江桥梁隧道条例》第三十三条规定，隧道内禁止载运爆炸物品、易燃易爆化学物品、剧毒、放射性等危险物品，以及建筑垃圾、工程渣土（泥浆）的车辆通行。

4. 厦门翔安隧道

厦门翔安隧道从厦门岛到达对岸的大陆端，双向六车道，全长8.695km。2010年4月26日建成通车，是我国大陆第一条海底隧道。由于隧道通车后发生了多起大型货车事故，应急救援复杂，交通堵塞严重，严重影响隧道的安全运营，因此， 2011年12月厦门市人民政府出台了《厦门市大型桥梁隧道管理办法》（厦门市人民政府令第147号），规定“禁止运载爆炸物品、易燃易爆化学品以及剧毒、放射性等危险物品的车辆在海底隧道、海沧大桥通行”。并于2012年3月1日开始正式施行“禁止危险货物道路运输车辆通行翔安隧道”的管理措施。隧道两头设有掉头区，需要时可引导车辆从环岛干道、集美大桥等其他进出岛通道行驶。

5. 青岛胶州湾隧道

青岛胶州湾隧道南接青岛市黄岛区的薛家岛街道办事处，北连青岛市主城区的团岛，下穿胶州湾湾口海域。隧道全长7800m，分为陆地和海底两部分，海底部分长3950m。该隧道位于胶州湾湾口，连接青岛和黄岛两地，双向六车道。2011年6月30日正式开通运营。

依据《青岛胶州湾隧道管理办法》，超过隧道限载、限高、限宽、限长标准的车辆，运载爆炸物品、易燃易爆化学物品及剧毒、放射性危险货物的车辆以及其他影响或者危及隧道安全通行的车辆禁止进入隧道（因应急等特殊情况，经公安机关批准除外）。遇到上述车辆，公安机关将在隧道出入口采取措施，对出入车辆进行引导、处置。

各地危险货物道路运输车辆通行隧道有关管理规定见表1-2。

地方危险货物道路运输车辆通行隧道相关法规、政策性文件一览表 表1-2

序号	法律法规名称	主要条款	发布机构
1	南京市长江桥梁隧道条例	**第三十三条** 隧道内禁止载运爆炸物品、易燃易爆化学物品、剧毒、放射性等危险物品，以及建筑垃圾、工程渣土（泥浆）的车辆通行	南京市人民代表大会常务委员会
2	青岛胶州湾隧道管理办法	**第九条** 行人和下列车辆禁止进入隧道（因应急等特殊情况经公安机关批准的除外）： （四）运载爆炸物品、易燃易爆化学物品及剧毒、放射性等危险物品的车辆； （五）其他影响或者危及隧道安全通行的车辆。 公安机关应当在隧道出入口采取措施，对出入车辆进行引导、处置	青岛市人民政府
3	厦门市大型桥梁隧道管理办法	**第二十一条** 禁止运载爆炸物品、易燃易爆化学物品以及剧毒、放射性等危险物品的车辆在海底隧道、海沧大桥通行	厦门市人民政府
4	关于加强秦岭终南山公路隧道安全管理的通告	四、禁止下列车辆从隧道通过： （一）非机动车辆； （二）试车或者学习驾驶机动车辆； （三）运输爆炸物品、易燃易爆化学物品以及剧毒、放射性等危险货物的车辆	陕西省交通厅、陕西省公安厅联合发布

第二节 我国危险货物道路运输车辆隧道通行管理法规制度

一、国家层面法律法规

我国与危险货物道路运输车辆通行相关的国家层面法律法规主要有《中华人民共和国公路法》《中华人民共和国道路交通安全法》《中华人民共和国反恐怖主义法》《中华人民共和国公路安全保护条例》等。这些法律法规中与危险货物道路运输车辆通行隧道相关的管理规定、违法违规通行处罚措施、特殊情况管理规程具体如下。

1.《中华人民共和国公路法》

第二条 在中华人民共和国境内从事公路的规划、建设、养护、经营、使用和管理，适用本法。本法所称公路，包括公路桥梁、公路隧道和公路渡口。

第四十七条 在大中型公路桥梁和渡口周围二百米、公路隧道上方和洞口外一百米范围内，以及在公路两侧一定距离内，不得挖砂、采石、取土、倾倒废弃物，不得进行爆破作业及其他危及公路、公路桥梁、公路隧道、公路渡口安全的活动。

在前款范围内因抢险、防汛需要修筑堤坝、压缩或者拓宽河床的，应当事先报经省、自治区、直辖市人民政府交通主管部门会同行政主管部门批准，并采取有效的保护有关的公路、公路桥梁、公路隧道、公路渡口安全的措施。

第五十条 超过公路、公路桥梁、公路隧道或者汽车渡船的限载、限高、限宽、限长标准的车辆，不得在有限定标准的公路、公路桥梁上或者公路隧道内行驶，不得使用汽车渡船。超过公路或者公路桥梁限载标准确需行驶的，必须经县级以上地方人民政府交通主管部门批准，并按要求采取有效的防护措施；运载不可解体的超限物品的，应当按照指定的时间、路线、时速行驶，并悬挂明显标志。

2.《中华人民共和国道路交通安全法》

第三十九条 公安机关交通管理部门根据道路和交通流量的具体情况，可以对机动车、非机动车、行人采取疏导、限制通行、禁止通行等措施。遇有大型群众性活动、大范围施工等情况，需要采取限制交通的措施，或者作出与公众的道路交通活动直接有关的决定，应当提前向社会公告。

第四十八条 机动车载运爆炸物品、易燃易爆化学物品以及剧毒、放射性等危险物品，应当经公安机关批准后，按指定的时间、路线、速度行驶，悬挂警示标志并采取必要的安全措施。

3.《中华人民共和国反恐怖主义法》

第二十二条 生产和进口单位应当依照规定对枪支等武器、弹药、管制器具、危险化学品、民用爆炸物品、核与放射物品作出电子追踪标识，对民用爆炸物品添加安检示踪标识物。

运输单位应当依照规定对运营中的危险化学品、民用爆炸物品、核与放射物品的运输工具通过定位系统实行监控。

有关单位应当依照规定对传染病病原体等物质实行严格的监督管理，严密防范传染病病原体等物质扩散或者流入非法渠道。

对管制器具、危险化学品、民用爆炸物品，国务院有关主管部门或者省级人民政府根据需要，在特定区域、特定时间，可以决定对生产、进出口、运输、销售、使用、报废实施管制，可以禁止使用现金、实物进行交易或者对交易活动作出其他限制。

4.《中华人民共和国公路安全保护条例》

第四十二条 载运易燃、易爆、剧毒、放射性等危险物品的车辆，应当符合国家有关安全管理规定，并避免通过特大型公路桥梁或者特长公路隧道；确需通过特大型公路桥梁或者特长公路隧道的，负责审批易燃、易爆、剧毒、放射性等危险物品运输许可的机关应当提前将行驶时间、路线通知特大型公路桥梁或者特长公路隧道的管理单位，并对在特大型公路桥梁或者特长公路隧道行驶的车辆进行现场监管。

二、部委层面部门规章

在国家法律法规统筹规定下，交通运输部在危险货物道路运输管理规章汇总中，也针对危险货物道路运输车辆通行隧道进行了规定，主要有《危险货物道路运输安全管理办法》《道路危险货物运输管理规定》等。

1.《危险货物道路运输安全管理办法》（交通运输部、工业和信息化部、公安部、生态环境部、应急管理部、国家市场监督管理总局联合部令，交通运输部令2019年第29号）

第四十九条 有下列情形之一的，公安机关可以依法采取措施，限制危险货物道路运输车辆通行：

（一）城市（含县城）重点地区、重点单位、人流密集场所、居民生活区；

（二）饮用水水源保护区、重点景区、自然保护区；

（三）特大桥梁、特长隧道、隧道群、桥隧相连路段及水下公路隧道；

（四）坡长坡陡、临水临崖等通行条件差的山区公路；

（五）法律、行政法规规定的其他可以限制通行的情形。

除法律、行政法规另有规定外，公安机关综合考虑相关因素，确需对通过高速公路运输危险化学品依法采取限制通行措施的，限制通行时段应当在0时至6时之间确定。

公安机关采取限制危险货物道路运输车辆通行措施的，应当提前向社会公布，并会同交通运输主管部门确定合理的绕行路线，设置明显的绕行提示标志。

2.《道路危险货物运输管理规定》（交通运输部令2019年第42号）

第五十七条 违反本规定，有下列情形之一的，由县级以上道路运输管理机构责令停止运输经营，有违法所得的，没收违法所得，处违法所得2倍以上10倍以下的罚款；没有违法所得或者违法所得不足2万元的，处3万元以上10万元以下的罚款；构成犯罪的，依法追究刑事责任：

（一）未取得道路危险货物运输许可，擅自从事道路危险货物运输的；

（二）使用失效、伪造、变造、被注销等无效道路危险货物运输许可证件从事道路危险货物运输的；

（三）超越许可事项，从事道路危险货物运输的；

（四）非经营性道路危险货物运输单位从事道路危险货物运输经营的。

三、地方层面法规制度

从以上国家层面法律法规和部委层面部门规章的规定可见，对危险货物道路运输车辆通行隧道的管理规定均比较宏观，主要是从管理职能部门的界定、哪些情况可对危险货物道路运输车辆通行隧道进行限制等给出了原则上的规定。部分省（自治区、直辖市）、市还需针对本省实际道路通行条件，制定地方危险货物道路运输车辆通行隧道的相关政策（表1-2）。

四、国家和行业标准

据不完全统计，与危险货物道路运输相关的国家标准、行业标准等共计140余个（图1-12），这些标准由不同行业主管部门牵头制定。为解决标准多、散、乱的问题，2018年交通运输部制定发布了《危险货物道路运输规则》系列标准，从通则、分类、品名及运输要求索引、运输包装使用要求、托运要求、装卸条件及作业要求、运输条件及作业要求等7个部分对危险货物道路运输作了全面系统的技术规定。对散落在上百个标准中的绝大部分内容进行了整合。《危险货物道路运输营运车辆安全技术条件》（JT/T 1285）对危险货物道路运输车辆安全技术条件进行了规定。

目前，涉及危险货物道路运输车辆通行隧道相关规定内容的标准是《危险货物道路运输规则》（JT/T 617），该标准中引入了《危险货物国际道路运输欧洲公约》（ADR）中隧道分类通行危险货物的相关规定，但隧道分类通行制度在我国还未开始实施。

隧道类别分为如下5类。

（1）隧道类别A：对危险货物运输无限制。

（2）隧道类别B：可导致大爆炸的危险货物运输车辆禁止通行。

（3）隧道类别C：可导致极大爆炸、大爆炸或大量毒性物质泄漏的危险货物运输车辆禁止通行。

（4）隧道类别D：可导致极大爆炸、大爆炸、大量毒性物质泄漏或大型火灾的危险货物运输车辆禁止通行。

（5）隧道类别E：除运输条件豁免的危险货物外，所有危险货物运输车辆禁止通行。

危险货物隧道通行限制代码及说明见表1-3。如果某个隧道入口处贴有表1-3 所示的隧道通行限制代码，承运人可根据隧道通行限制代码对应的可通行危险货物运输品名，判断可否通行。

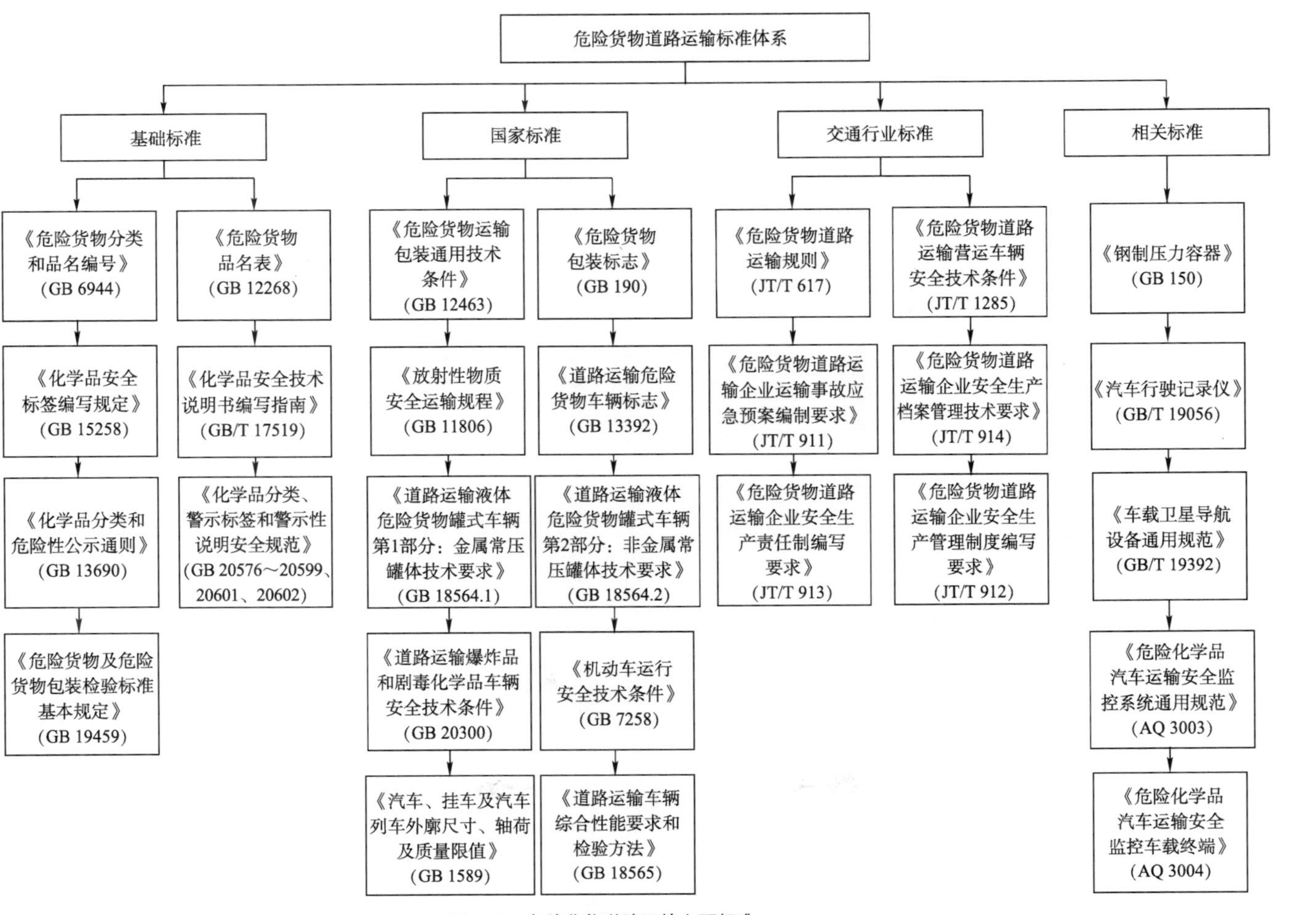

图1-12 危险货物道路运输主要标准

危险货物隧道通行限制代码及说明　表1-3

危险货物隧道通行限制代码	隧道通行限制代码说明
B	禁止通过 B、C、D、E 类隧道
B1000C	每个运输单元所运输的爆炸物的总净质量超过 1000kg，禁止通过 B、C、D、E 类隧道；未超过 1000kg，禁止通过 C、D、E 类隧道
B/D	罐式运输禁止通过 B、C、D、E 类隧道；其他运输禁止通过 D、E 类隧道
B/E	罐式运输禁止通过 B、C、D、E 类隧道；其他运输禁止通过 E 类隧道
C	禁止通过 C、D、E 类隧道
C5000D	每个运输单元所运输的爆炸物的总净质量超过 5000kg，禁止通过 C、D、E 类隧道；未超过 5000kg，禁止通过 D、E 类隧道
C/D	罐式运输禁止通过 C、D、E 类隧道；其他运输禁止通过 D、E 类隧道
C/E	罐式运输禁止通过 C、D、E 类隧道；其他运输禁止通过 E 类隧道
D	禁止通过 D、E 类隧道
D/E	散装货罐式运输禁止通过 D、E 类隧道；其他运输禁止通过 E 类隧道
E	禁止通过 E 类隧道
—	可通行所有隧道

第三节　我国危险货物道路运输车辆隧道通行管理体系架构

危险货物道路运输车辆隧道通行安全管控体系包括谁来管控（管控主体）、管控谁（管控对象）、如何管控（管控手段）3个方面。本节旨在明确管控主体和职责的基础上，围绕“正规营运车辆、非法营运车辆”等管控对象，结合我国危险货物道路运输管理实际，以“宣传先行、先紧后松、防查并举、综合管控”为原则，构建危险货物道路运输车辆隧道通行安全管控体系。

一、管控主体

安全监管的主体是政府，同时需要全社会共同努力，各尽其责。由于危险货物道路运输管理的复杂性，其涉及面广、难度高和监管内容的多样性，使得单靠政府管理机构而缺少隧道运营企业和社会公众的配合，很难实现对隧道通行安全的有效监管。隧道运营企业作为隧道运营的管理主体，能对市场变化作出灵活反映，可与政府监管形成合力。因此，在危险货物道路运输车辆隧道通行安全管控过程中要充分发挥企业、政府的作用。

1. 危险化学品安全监管主体与职责

危险化学品安全涉及生产、储存、使用、经营、运输和处置废弃危险化学品等环节，对其实施监督管理的有应急管理、公安、交通、市场监管、环保等部门，不同的部门有不同的职责。《危险化学品安全管理条例》第六条规定，对危险化学品的生产、储存、使用、经营、运输实施安全监督管理的有关部门（以下统称负有危险化学品安全监督管理职责的部门），具有以下职责（图1-13）：

（1）安监部门（应急管理部门）负责危险化学品安全监督管理综合工作，组织确定、公布、调整危险化学品目录，对新建、改建、扩建生产、储存危险化学品（包括使用长输管道输送危险化学品）的建设项目进行安全条件审查，核发危险化学品安全生产许可证、危险化学品安全使用许可证和危险化学品经营许可证，并负责危险化学品登记工作。

（2）公安机关负责危险化学品的公共安全管理，核发剧毒化学品购买许可证、剧毒化学品道路运输通行证，并负责危险化学品运输车辆的道路交通安全管理。

（3）质检部门（市场监管部门）负责核发危险化学品及其包装物、容器（不包括储存危险化学品的固定式大型储罐，下同）生产企业的工业产品生产许可证，并依法对其产品质量实施监督，负责对进出口危险化学品及其包装实施检验。

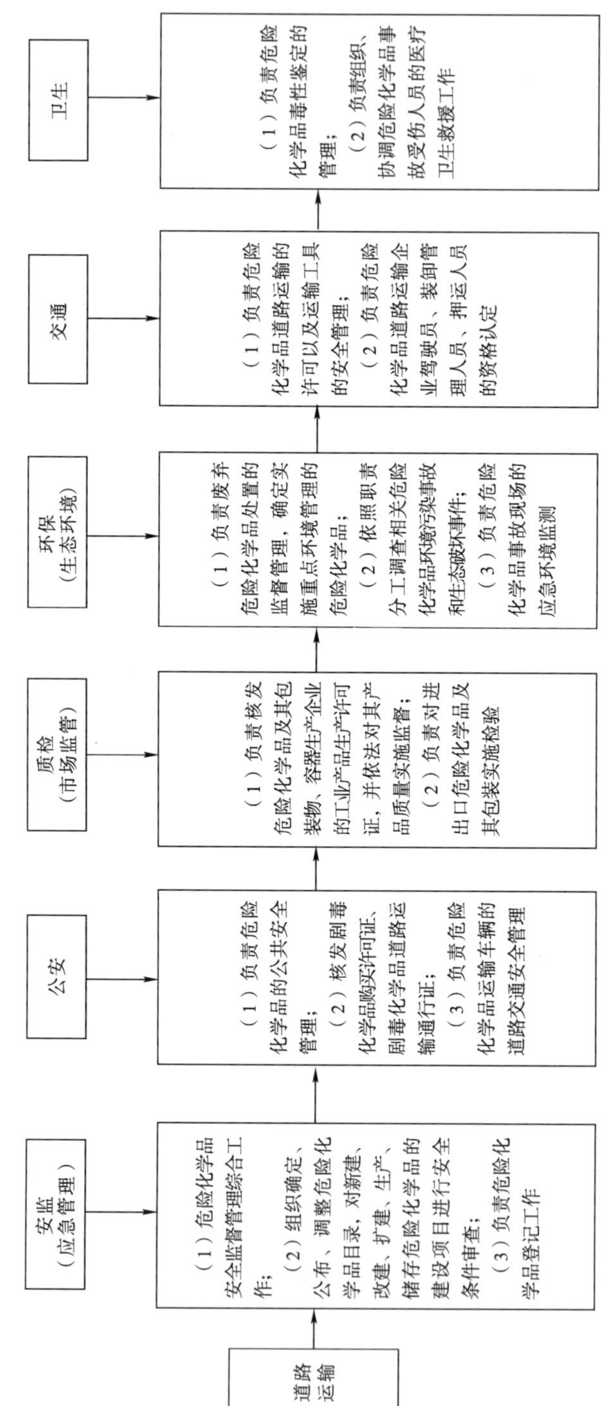

图1-13 负有危险化学品安全监督管理职责的部门

（4）环保部门（生态环境部门）负责废弃危险化学品处置的监督管理，组织危险化学品的环境危害性鉴定和环境风险程度评估，确定实施重点环境管理的危险化学品，负责危险化学品环境管理登记和新化学物质环境管理登记；依照职责分工调查相关危险化学品环境污染事故和生态破坏事件，负责危险化学品事故现场的应急环境监测。

（5）交通部门负责危险化学品道路运输、水路运输的许可以及运输工具的安全管理，对危险化学品水路运输安全实施监督，负责危险化学品道路运输企业、水路运输企业驾驶员、船员、装卸管理人员、押运人员、申报人员、集装箱装箱现场检查员的资格认定。铁路监管部门负责危险化学品铁路运输及其运输工具的安全管理。民航部门负责危险化学品航空运输以及航空运输企业及其运输工具的安全管理。

（6）卫生部门负责危险化学品毒性鉴定的管理，负责组织、协调危险化学品事故受伤人员的医疗卫生救援工作。

2. 公路隧道通行危险货物运输安全监管主体与职责

《中华人民共和国道路交通安全法》第五条规定，国务院公安部门负责全国道路交通安全管理工作。县级以上地方各级人民政府公安机关交通管理部门负责本行政区域内的道路交通安全管理工作。县级以上各级人民政府交通、建设管理部门依据各自职责，负责有关的道路交通工作。《中华人民共和国公路安全保护条例》第四十二条规定，载运易燃、易爆、剧毒、放射性等危险物品的车辆，应当符合国家有关安全管理规定，并避免通过特大型公路桥梁或者特长公路隧道；确需通过特大型公路桥梁或者特长公路隧道的，负责审批易燃、易爆、剧毒、放射性等危险物品运输许可的机关应当提前将行驶时间、路线通知特大型公路桥梁或者特长公路隧道的管理单位，并对在特大型公路桥梁或者特长公路隧道行驶的车辆进行现场监管。

因此，公路隧道通行主要涉及的管控主体为公安机关交通管理部门、交通运输管理部门和应急管理部门，高速公路运营管理企业辅助进行公路隧道的安全管控。各管理部门和企业应根据其在公路隧道危险货物通行安全管控中的职责，实现协同合作。

公安机关交通管理部门、交通运输管理部门、应急管理部门以及高速公路运营管理企业在道路运输环节的主要职责如下：

（1）公安机关交通管理部门，主要依法查处道路交通违法行为，预防和处理交通事故，维护道路交通秩序和公路治安秩序；分析、研究本省道路交通安全形势，组织落实道路交通事故预防措施，协调、参与特大交通事故的处理；指导、组织、督促全省公安机关交通管理部门维护道路治安、交通秩序，协调全省性重大活动的交通安全保障、警卫工作。

（2）交通运输管理部门包括综合行政执法（运政执法）和路政巡查。综合行政执法主要指导、监督全省交通行政执法工作，承担本厅的监督检查、行政处罚和行政强制工作；组织查处重大违法案件，协调跨区域的交通执法工作。路政巡查的主要职责为保护公路、公路用地、公路附属设施（以下简称路产），维护公路合法权益，巡逻检查所进行的行政管理活动。

（3）应急管理部门，负责应急管理工作，指导各级各部门应对安全生产类、自然灾害类等突发事件工作；指导应急预案体系建设。检查指导市辖有关部门和区县（市）政府应急预案的制定和落实，推动应急避难设施建设；牵头建立统一的应急管理信息系统；组织指导协调安全生产类、自然灾害类等突发事件应急救援，综合研判突发事件发展态势并提出应对建议，协助市委、市政府组织开展较大及以上事故和灾害应急处置工作；统一协调指挥全市各类应急专业队伍，建立应急协调联动机制，推进指挥平台对接，衔接解放军和武警部队参与应急救援工作；统筹全市应急救援力量建设；负责危险化学品安全监督管理综合工作和烟花爆竹安全生产监督管理工作。

（4）高速公路运营管理企业主要是辅助进行公路隧道的安全运营管理工作。

二、管控对象

虽然公路隧道通行的实际管控对象是通行桥梁、隧道的危险货物道路运输车辆和非法营运的货运车辆，但车辆管理的主体为运输企业。根据交通运输部、工业和信息化部、公安部、应急管理部、生态环境部、市场监管总局六部门联合部令《危险货物道路运输安全管理办法》（交通运输部令2019年第29号），对托运人（危险化学品生产企业）托运危险货物、对承运人（道路运输企业）承运危险货物等业务作出了相应的规定。《危险货物道路运输安全管理办法》《道路危险货物运输管理规定》等分别对危险化学品生产企业和道路运输企业提出相应的管理规定。在两者有效落实企业主体责任的前提下，结合具体通行管控措施，实现危险货物道路运输车辆通行桥梁、隧道的安全有效管控，将事故发生概率控制在小概率事件的范围内。一旦发生事故，能及时发现、及时响应、有效处置，将事故危害控制在最低程度。

（一）托运人

托运人是指将危险货物交付给承运人进行运输的企业或者单位。托运是危险货物道路运输活动的源头，加强托运环节管理对于保障危险货物道路运输安全至关重要。根据《危险货物道路运输管理办法》的规定，危险化学品生产企业作为托运人有进行危险货物正确分类、选择与所托运物质相适应的包装、按照相关规定制作托运清单等职责，这些责任的落实对运输企业运输过程中安全通行非常重要。

（二）危险货物道路运输企业

危险货物道路运输企业是实际承担危险货物运输业务的主体，负责管理所属危险货物运输车辆的日常维护、出车前安全例检、运输路线风险评估，以及驾驶员和押运人员的日常培训等进行日常管理。

（三）危险货物道路运输车辆

根据我国危险货物道路运输车辆管理现状，运载危险货物的车辆可分为正规运输车辆和非法营运车辆。省内正规车辆还包括省内正规运输车辆和外省正规运输车辆。

1. 省内正规车辆

省内正规车辆为所属企业在省内取得危险货物道路运输营运许可证，车辆取得危险货物道路运输证许可，从业人员取得危险货物道路运输从业资格证的车辆。这些车辆在省内运政系统中有完善的资质许可记录，并纳入省内道路运输卫星监控平台和全国重点营运车辆联网联控系统，可实现对车辆的实时监控。这部分车辆管理较规范，管理部门掌握信息较全面，可通过行政手段、技术手段对其进行管控。

2. 外省正规车辆

外省正规车辆为在外省申请危险货物道路运输证许可，从业人员在外省申请危险货物道路运输从业资格证，但在某省从事运输业务的车辆。当地公安交通管理部门没有这部分车辆的资质许可记录和GPS定位信息，给通行管控带来一定的难度。例如，无法判断运输证是否超出许可范围，相关证件是否过期或伪造等，缺乏有效技术手段对车辆在本省境内的运营情况进行实时监控以致无法判断这些车辆是否可能通行长大隧道。可见，管控难度相对较高。

另外，外地车辆受不熟悉本地运输线路等影响，往往事故发生率相对较高。根据上海市交通委员会统计，上海市境内道路化学品运输事故中，外省市车辆与本地车辆事故数量比例为 9∶1。根据不完全调查，各省省内运营的外地车辆数普遍高于本省注册车辆，且事故发生数量也高于本省注册车辆在本省发生的事故数量。

3. 非法营运车辆

非法营运是指运载危险货物道路运输车辆所在企业未取得危险货物道路运输经营许可，或使用失效、伪造、变造、被注销等无效的危险货物道路运输许可证件，或超越许可事项，从事有关危险货物道路运输经营的行为。根据广东省交通运输厅综合执法局不完全统计，广东省2015年查处危险货物道路运输车辆事故约2000起，其中约一半为非法营运车辆。可见，广东省非法运载危险货物道路运输车辆还大量存在。根据深圳市和东莞市交通行政执法数据，违规运载的危险货物主要为第2类和第3类危险货物，车型多以轻型货车为主。

非法营运车辆安全隐患较高，这些车辆没有配备押运人员，驾驶员缺少专业培训，运输车辆也没有配备专业的应急救援设备，易造成事故或次生事故。同时，非法营运车辆由于伪装性强，公安交通管理部门不掌握其运行情况，查验、管理难度非常大。

三、管控手段

危险货物道路运输车辆通行公路隧道管控方式应结合地区危险货物道路运输管理现状，并不断适应新的形势变化，改进管理方式，提升管理效率。在管控手段上，由单一走向多元，预防和管控相结合，即从过去的单一以行政手段为主过渡到行政手段、法律手段和技术手段三者之间的协调配合，优势互补，不断丰富和创新管控手段。2012年7月，国务院发布了《国务院关于加强道路交通安全工作的意见》（国发〔2012〕30号），其中要求：（十九）切实提升道路交通安全执法效能。推进高速公路全程监控等智能交通管理系统建设，强化科技装备和信息化技术在道路交通执法中的应用，提高道路交通安全管控能力。整合道路交通管理力量和资源，建立部门、区域联勤联动机制，实现监控信息等资源共享。因此，危险货物道路运输车辆通行公路隧道特别要注重走科技管控之路。加大对管控措施的科技投入，提高公路隧道危险货物道路运输车辆管控的网络化、信息化水平，实现管理部门内部之间、管理部门和隧道安全运营企业之间的信息共享，减少安全管理时滞和成本，确保通行管控质量和效率。

1. 法律手段

法规是实施公路隧道通行管理的基础。法律手段是国家通过制定和运用法律法规、政府规章来监督市场经济活动的手段，其在危险货物道路运输车辆通行管控中也将发挥重要作用。

（1）在贯彻依法行政的原则下，行政主体离不开法律规范的指导；

（2）明确的法律规范也有利于提升行政主体的执法效率；

（3）通过法律规范可以明晰危险货物道路运输企业、运输车辆和人员等行政相对人的权利和义务，减少纠纷的发生；

（4）通过仲裁和诉讼的方式可以有效解决危险货物道路运输车辆通行管控过程中存在的纠纷。

由于我国目前危险货物道路运输车辆通行公路隧道的相关法规管理规定还不完善，因此，应根据公路隧道结构特点、通行条件，向省人民政府提出建立相应法律规范的建议，提高法规标准的时效性和可操作性。

2. 行政手段

行政手段是国家通过行政机关，采取行政命令、指示、指标、规定等行政措施来调节和管理经济的手段。具体到危险货物道路运输车辆通行公路隧道中，危险货物运输行政主体（公安机关和交通运输管理部门）可以通过对危险货物道路运输企业和从业人员的行政处罚等方式来管控危险货物运输市场。

3. 技术手段

通过公路隧道以及周边连接高速公路视频监控系统，对过往车辆实施监控，并通过电子车牌识别系统实时将车牌号码与当地交通运输厅运政系统和重点营运车辆联网联控卫星定位数据管理系统比对，识别出货运车辆是否为危险货物道路运输车辆，并实时对接可变信息板，将该车辆的信息显示在危险货物道路运输车辆行驶路段的可变信息板上，对该车辆进行警示，实现对危险货物道路运输车辆通行情况进行实时动态预警和联网联控。

通过当地公安部门执法数据库和交通运输厅综合执法数据库，将企业、从业人员和车辆资质认证、历史执法信息与车辆通行信息实时对比分析，识别有历史违规行为的车辆，包括非法营运车辆，进行重点检查。

第四节 我国危险货物道路运输车辆隧道通行管理存在的问题

一、缺少危险货物道路运输车辆隧道通行管理相关法规支撑

目前，我国相关地方政府部门或公安交通管理等行业管理部门从遏制重大安全隐患角度出发，针对长大隧道危险货物道路运输车辆通行管理普遍采用禁行措施。但这种“一刀切”的管理措施既不合理，也不科学。如果危险货物道路运输车辆不能走高速公路的隧道，只能走普通国道或省道，而我国的普通公路普遍途经村庄等人口密集区，公路建设条件也相对较差，安全隐患以及事故后果相对高速公路都更加严重。因此，为了保证危险货物道路运输车辆隧道禁行管理规定有效执行，需省政府发布政府规章或出台地方法规，更好地保证政策制度的实施，这样既可为相关行政主体和管理机构开展相关执法工作提供依据，便于相关行政主体和管理机构提高执法和管理效率，也可使通行者及时了解隧道管理的相应措施，以便事先制订运输出行线路，避免绕路，增加运行时间和成本。

二、隧道通行管控相关技术研究有待加强

目前，我国危险货物道路运输行业领域相关专家、研究人员针对危险货物道路运输车辆通行隧道的管控技术研究较少。例如，针对我国危险货物道路运输车辆通行隧道风险评估理论体系还不成熟，已有的隧道通行相关规定均缺少理论支撑，多是根据历史发生的事故后果，从主观上判断禁止危险货物道路运输车辆通行公路隧道，特别是长大隧道。而实际上应该结合危险货物类别项别、数量、运输方式、周边环境、可替换线路等进行综合分析判断。

三、缺少危险货物道路运输车辆通行隧道的有效管控手段

我国在一定程度上还存在非法营运车辆运载危险货物的情况，这种情况安全风险比危险货物道路运输车辆通行隧道的安全风险大得多。在当今信息化技术大发展的时代背景下，应借助信息化手段，加强对危险货物道路运输车辆通行隧道的安全风险管控和非法营运车辆的识别，最大限度预防事故的发生，实现“人防”到“技防”的转变，实现隧道通行的安全管理能力和水平的提升。

第二章 02
CHAPTER

国外危险货物道路运输车辆隧道通行管理现状

隧道因为环境封闭、事故处理难度大等因素，危险货物道路运输过程风险较大，关于危险货物道路运输车辆通行方面的要求都比较严格。但德国并没有“一禁到底”，而是依据《危险货物国际道路运输欧洲公约》（ADR）中的隧道分级规定，制定了本国危险货物隧道通行分类管控体系。该体系将隧道分为5个等级（A~E），不同等级隧道可通行的危险货物种类不同，等级标志标注在隧道入口处，便于企业和驾驶员确定行驶路线。国外危险货物道路运输车辆隧道通行管理，基本依据相关的法律法规以及隧道通行要求。按照最小风险原则，在考虑隧道运营安全和经济运行要求的基础上，结合可替代路线的风险评估，综合确定隧道可通行的危险货物种类、包装类别、数量、罐车通行要求以及通行时间段。主要分为可通行隧道、部分可通行隧道、完全禁止通行隧道等几类。

第一节　美　　国

美国联邦政府没有在《危险物品运输法》（49 CFR）中专门制定道路桥、隧危险货物通行规章，而是将其整合在全国危险货物运输路线注册制度中，采取两级注册管理制：由联邦机动车安全管理委员会（FMCSA）统一管理所有注册信息，并核定放射性危险货物运输路线；由各州交通运输部门评估、审核并上报、注册境内所有非放射性危险货物运输路线。

登记的路段分为两大类：一类是限行路段，另一类是可行路段。其中，可行路段又分为规定路段（如放射性物品运输必须沿此路通行）、优先路段和推荐路段。有的路段是专门为易爆品、有毒和传染性物品、放射性物品运输设定的，也会在注册时标明；而限行路段则需标明禁止哪类危险货物通过，以及限行时间段等。

对桥、隧的通行要求一般出现在限行路段的注册登记信息中，而限行之后的替代路线则出现在可行路段的注册信息中。如加利福尼亚州拉托斯隧道（Tom Lantos Tunnel）中禁运第1类、2.1项、第3类等；238 公路部分路段因靠近水源，不允许任何危险货物和危险废物通过；在卡尔德考特隧道（Caldecott Tunnel）中，装运爆炸品、易燃品、液化石油气、有毒气体的罐车、拖车只允许在凌晨3~5时通过；科罗拉多湾大桥禁止易燃易爆和易腐蚀物品通过等。由于桥、隧是线路选择中的关键节点，在国家标准《道路隧道、桥梁和其他受限通行路段标准》中明确了评估桥、隧危险货物通行风险的因素，包括人口密度、道路类型、危险货物种类和数量、应急反应能力、替代路线、运输延误程度、对工商业的影响程度、地形地势、天气状况、以前的拥堵和事故记录等。

同时，各州还会以各种形式编制和发布境内隧道桥梁通行手册，如纽约和新泽西州的危险货物桥隧通行红皮书。禁行和通行路段注册登记能够把桥、隧和其他特殊路段都纳入考察范围，比欧盟仅重点考虑隧道要更全面，但没有将通行限制和危险货物包装、数量等条件联系起来。

此外，针对危险货物公路运输线路甄选，美国、加拿大各州也都有很多技术规定和协议，其中美国交通部发布的《危险品公路运输线路甄选指标应用指南》（Highway Routing of Hazardous Materials Guidelines for Applying Criteria，Publication No. FHWA-ID-97-003 November 1996，以下简称《指南》）也非常有借鉴意义。《指南》的最初版本发布于1985年7月，1996年修订。目的是针对非放射物危险货物（Non-Radioactive Hazardous Materials，NRHM）的公路运输线路甄选建立统一的技术指标应用方案，使用者是州政府、印第安自治部落和地方政府的危险货物运输线路决策机构，编写目标是要让对危险货物安全问题了解很少的个人也能够进行路线分析和甄选。美国的危险货物运输分类，首先看是否为放射物，主要因为美国有无核地区的地方类法律等，即使是运输通过也不行。

1. 美国危险货物运输线路分类

美国的危险货物运输线路分为两类，即指定运输线路（Designated Routes）和禁止运输线路（Restricted Routes）。危险货物的指定运输线路是指必须使用的运输线路，禁止运输线路是指不允许运输危险货物的线路，这些禁止规定包括隧道限制、车道限制、时间限制、事前通报机制、护送要求等。一旦某路线成为危险货物指定运输线路，沿途需要频繁设置警示标志和指引标志，所有相关接入路口和上游路口都要提供引导、警告、禁令标志等。随着电子技术的发展，电子地图、导航、卫星定位技术等也都被加以运用（图2-1）。

a）禁止进入隧道标志

b）运输危险货物许可证

c）危险货物指定运输线路标志

d）危险货物禁止运输线路标志

图2-1　路侧标志

2. 美国危险货物运输线路甄选标准

根据《指南》，美国相关部门在进行危险货物运输线路甄选时有13个要素需要考虑。

1）人口密度

要评估一旦发生危险货物泄漏，处于危险货物威胁范围内的人口密度，这包括居民、雇员、道路使用者和其他在该区域的人员。同时，要根据不同泄漏事件的种类、数量等来测算受影响区域的大小。人口测算要考虑特殊人群集中的场所，如学校、医院、监狱和老年公寓等，还要考虑时间点，如什么时间段会有高密度人群聚集。

2）公路类型

要充分比较每一条备选线路的特征。车辆质量和尺寸限制、下穿公路和桥梁高度净空限制、道路几何线形、车道数量、路口接入程度、中央分隔带和路肩结构等都是甄选线路考虑的要素。公路种类等因素，特别是地形、气候和拥堵情况等，会影响事故严重程度、应急响应能力和后续清理活动。

3）危险货物的种类和数量

危险货物公路运输要做数量和种类核查。要根据沿途情况和危险货物特征、数量来进行有针对性的影响区域风险评估。一般情况下，指定线路是为所有类型危险货物设置的，要以可能导致最严重后果的危险货物种类、数量条件作为研判依据。特别要注意的是，备选线路上如果有桥梁或隧道等敏感设施，要考虑泄漏的发生及其后果（如爆炸）。由于不同危险货物泄漏后的危害不同，对备选线路的评判要考虑到所有种类危险货物的危害。有时，会有一些特定危险货物只能使用某些特定线路的情况。表2-1是不同危险货物危害区域的速查表。

不同危险货物危害区域速查表 表2-1

危险物品级别	代码	危 害 区 域
爆炸物	EXP	1.6km，全方向
可燃气体	FL	0.8km，全方向
毒气 *	PG	8km，全方向
可燃 / 液体燃料	FCL	0.8km，全方向
可燃固体；自发可燃物；遇水危险	FS	0.8km，全方向

续上表

危险物品级别	代码	危 害 区 域
氧化剂 / 有机过氧化物 *	OXI	0.8km，全方向
有毒，非气体	POI	8km，全方向
腐蚀材料 *	COR	0.8km，全方向

4）应急响应能力

在甄选线路时，要考虑每条线路沿线的应急响应资源条件，这需要向消防、执法和公路安全机构咨询。应急响应分析要考虑发生泄漏（包括压缩气体泄漏）后，相关部门在受影响区域里的应急处置能力。通常，如果这类备选路线相互距离不远，处在同一路网体系，对应急响应能力的影响就不大；但是如果备选线路在公路类型、地形和拥堵情况等方面差异很大，应急响应能力可能就会非常不同，因此，对道路出现拥堵可能性和救援力量通过时的条件，都要进行应急响应能力评分。

美国联邦公路管理局规定的危险货物泄漏初始窗口期是10min，所以甄选线路时首先要评估10min响应能力，即看事故发生后，各线路沿途在10min之内能投入现场的应急响应资源数量。相关评分的计算公式是：应急反应能力=10min内应急反应单位数量/线路长度。此外，应急处置力量的危险化学品学习状态（美国要求消防员危险化学品知识学习时间必须达到8h）、沿线社区居民和相关机构的安全训练等都是评分项。

5）其他关联方的意见反馈

应依据甄选选择，公开听取来自所有受到甄选线路影响的机构和相关人员的意见。

6）暴露和其他地貌风险因素

线路甄选机构要定义所有与指定线路有关的暴露和其他地貌风险因素。要考虑与敏感地区的距离。敏感地区包括居住区、商业建筑物、医院、学校、残疾人集中设施、监狱、体育场馆、水源地，以及河流、湖泊、自然保护区、公园、湿地、野生动物保护区等。虽然保障公共安全是危险货物运输线路甄选的首要目的，但同时也要注意环境污染问题，因为其所导致的环境污染有可能是短期和长期伤害并存的。公路都有排水系统，一旦危险货物泄漏到路表，就有可能快速地进入排水管网，会影响后续清理效果，特别是会危及河流、湖泊、栖息地、野生动物保护区和其他生态敏感地区。针对风险因素的评估，最后都会落实到价值，如沿途不同类型建筑物的单位面积造价都有指标可循，人的生命价值也有统计值等。

7）地形考虑

拟定线路的沿途和相邻地形可能会对事故严重性造成影响，危险货物发散、后续控制与清理也都需要考虑地形问题。在线路特征方面，急弯陡坡、爬坡车道，路侧特点，如侧坡斜率、高度、路堤构造、净区和临水等都会影响事故严重程度，也会影响救援响应以及清理速度和难度。

8）线路的连续性

要重点考虑不同行政区划之间的衔接。因为危险货物运输有时会跨越行政区域，因此要尽量缩小不同地区管理规则的差异。

9）替代线路

在现有线路之外，要考虑替代线路的可行性，评估危险因素和各种条件，看其安全条件是否优于现有线路。

10）对商业的影响

根据线路甄选规则选择的危险货物运输线路不应导致危险货物运输成本的不合理增加，无论州际或州内运输，都应考虑成本增加的合理性。指定专用线路时，应比较里程改变和运输时间变化带来的成本变化。线路上的各种限制，只要可能会影响到商业运行成本的，如时段限制导致的工作时间延长、绕路导致的各种成本等，都应该列入评估，与现行运行成本进行比较，看看增加了哪些负担。美国常用标准是：当其他风险因素差别在50%以内时，衡量商业成本增加的方法是以160km为限，原运输路程在160km内，如果调整线路后增加的运输距离不超过25%，可忽略不计；原运输路程超过160km，如果调整线路后增加的运输距离在40km内，可忽略不计。

11）运输延误

危险货物指定线路不应导致非必要的运输延误。这就需要运输沿途的道路服务水平数据（Level of Service）。一般以道路服务水平作为标准，目的是测算路线上的车辆数量以进行评分，一旦超过表中数值，道路会被堵死，导致运输延误，进而影响救援响应速度。

12）气候条件

对一条公路运输线路而言，天气条件可能会影响线路安全，如下雪、结冰、起雾或其他气候条件，都可能导致安全威胁、引发事故导致泄漏，以及增加事故后泄漏控制与清理的难度等。有时同一区域多条备选线路的气候条件近似，但是不同线路的一些小气候条件可能存在不同，如路外造纸厂排出的水蒸气可能导致一条线路多雾，因路侧物体遮蔽形成的长时间阴影会导致某条线路路面更容易结冰等。

13）拥堵和事故历史记录

一条公路运输线路上的交通流条件，如拥堵、涉车事故记录等，都会影响未来事故预期、公众暴露在危险货物泄漏中的风险、应急响应速度，以及临时关闭道路实施清理的效率等，因此，对不同线路的拥堵情况和事故情况要分别评估和比较。拥堵导致延误的时间长短直接影响到公众面临危险货物威胁的时间长短。隧道里和高架桥上的拥堵更危险，会导致驾驶员被困，所以需要评估泄漏发生时的风险。

在评价分析上述要素后，对线路进行评分的决策顺序依次为：

（1）去除有物理限制的线路。

（2）考虑当地的法律变更可行性和政治影响。

（3）选择相对风险影响明显更低的直线形线路。

（4）如果一时无法确定评价和指定线路，就维持现行线路模式。

（5）选择路线时要考虑沿途社区意见。

（6）一旦选定了路线，要有公开征求意见的程序。

（7）按照规定，路线甄选必须在18个月内完成。

（8）在征询意见方面，如果给相关管理部门官员的问询未在60天内得到回复，可默认为自动认可；对公众的征询一般是30天。

第二节 欧　　盟

欧盟（OECD）和国际公路协会（PIARC）在 1996 年对主要成员国作了一次调查，发现大多数国家没有针对危险货物隧道运输的通用法规，之后通过一系列研究，在欧盟的《危险货物国际道路运输欧洲公约》（ADR）中专门对隧道通行作了要求，即第8.6章公路隧道危险货物道路运输车辆通行限制。欧盟各国在此基础上制定了适用于本国的危险货物运输法律法规。

根据《危险货物国际道路运输欧洲公约》（ADR），欧盟国家采用同一套隧道分级管理和通行办法，便于危险货物在各国的运转。隧道可以按其长度和交通情况复杂程度等因素分为A～E五级，禁运标准逐级提高。

（1）A级隧道对车辆通过不作限制。

（2）B级隧道禁运可能引起极大爆炸的危险货物。

（3）C级隧道在B级的基础上，禁运可引起极大爆炸、大爆炸或大量毒性物质泄漏的危险货物。

（4）D级禁运范围更广，禁运可引起极大爆炸、大爆炸、大量毒性物质泄漏或大型火灾的危险货物。

（5）E级隧道禁运范围最严格。

禁运5种危险货物［医疗废弃物,UN 2919（特殊安排下运输的放射性物质）、3291（医疗废弃物）、3331（特殊安排下运输的放射性物质，7E类）、3359（熏蒸过的货物运输装置）］以外的所有其他危险货物。同时，在《危险货物国际道路运输欧洲公约》（ADR）中还根据每一种危险货物的特性和运输数量，制定了一个“隧道运输限制编号”，与隧道等级相对应，明确了这种危险货物在不同运输工具、总重量等条件下通过隧道的限制。例如，闪光粉的编号为B1000C，表明这种易爆品超过1000kg时，只能通过A级隧道，不超过1000kg时，可以通过C级以下（即A级和B级）隧道。

由于涉及各国具体地理情况，欧盟要求各国自行评估本国境内各条隧道的风险，并将等级公布在官方网站上，在隧道外部则悬挂统一样式的等级标记（图2-2）。例如，瑞典的南环线隧道，7~19时为B级隧道，其他时间为A级隧道。

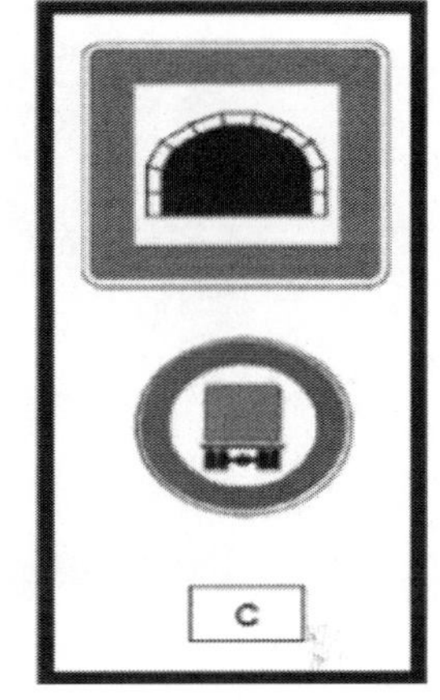

图2-2　欧洲C级隧道标志

这种分类方法避免了采用简单禁止危险货物通过隧道的方法回避风险。只要车辆、包装类型和载运量符合要求，大多危险货物可以安全通过隧道，保障了危险货物运输经营者的利益。但分类的工作量繁重，不仅要对每一种危险货物在不同数量和包装条件下的隧道运输风险进行评估，还需要评估每一条隧道在不同交通量、气候等条件下的抗风险能力，两者对接才能实现合理分类。

欧洲隧道等级限制等级为E的主要隧道有：

（1）法国Mont Blanc隧道（11600m）；

（2）德国Rennsteig隧道（7916m）；

（3）意大利瑞士Grosser St. Bernhard隧道 （5798m）；

（4）瑞士 San Bernardino隧道 （6596m）；

（5）瑞士Mappo-Morettina 隧道（5530m）；

（6）瑞士St. Gotthard隧道 （16918m）；

（7）土耳其 Ordu-Nefise Akcelik隧道 （3825m）。

对欧洲主要隧道进行分析可知，3000m以上的特长隧道如有分级，都是E级隧道。

此外，其他级别隧道举例如下。

（1）挪威Valderøy隧道。

挪威Valderøy隧道全程4.2km（图2-3），水下部分137m，设计宽度为3车道，2007年交通量为4700pcu。

图2-3 挪威Valderøy隧道

挪威Valderøy隧道通行类别为D，规定危险货物通行时间为每天6~24时，且禁止运载以下危险货物的道路运输车辆通过：

①爆炸品（1.1项，1.2项，1.5项）。

②毒性气体（第2类：分类代码F、TF、TFC）。

③高度易燃液体（罐车运输）（第3类）。

④毒性物质（罐车运输）（第6类）。

⑤强腐蚀性物质（罐车运输）（第8类）。

⑥对海洋环境有害物质（罐车运输）（第9类）。

（2）泰恩隧道。

泰恩隧道禁止运载以下可导致极大爆炸、大爆炸、大量毒性物质泄漏或大型火灾的危险货物道路运输车辆通行。

①第1类：1.3项（配装组C和G）。

②第2类：分类代码F、FC、T、TF、 TC、TO、TFC和TOC。

③4.1项：自反应物质，C、D、E和F型，以及UN 2956、3241、3242和3251。

④5.2项：有机过氧化物，C、D、E和F型。

⑤6.1项：分类代码TF1、 TFC和TFW的Ⅰ类包装，以及《危险货物道路

运输规则　第3部分：品名及运输要求索引》（JT/T 617.3）表A.1第（6）列中分配了第354号特殊条款的吸入毒性物质和UN 3381~3390的吸入毒性物质。

⑥第8类：分类代码CT1、CFT和COT的Ⅰ类包装和UN 3507。

⑦第9类：分类代码M9和M10。

当使用罐车或散装运输时，禁止运载以下危险货物的道路运输车辆通过：

①第3类。

②4.2项：Ⅱ类包装。

③4.3项：Ⅱ类包装。

④6.1项：Ⅱ类包装和分类代码TF2的Ⅲ类包装。

⑤第8类：分类代码CF1、CFT和CW1的Ⅰ类包装，以及分类代码CF1和CFT的Ⅱ类包装。

⑥第9类：分类代码M2和M3。

第三节　管理经验启示

一、加强危险货物道路运输车辆隧道通行管控

目前，我国危险货物道路运输车辆通行风险管理方面的研究没有得到重视，部分地区公路隧道禁行规定的出台也缺少理论分析的支撑，且缺少安全风险判断的统一标准，导致全国不同地区同类隧道危险货物道路运输车辆通行的要求不一致。应从全国范围，按照危险货物不同的危险性分类分级，建立科学完善的危险货物道路运输车辆隧道通行管控体系。2020年5月，交通运输部发布了《交通运输部关于印发安全生产专项整治三年行动工作方案的通知》（交安监发〔2020〕52号），要求“严格执行内河禁运危险化学品目录和危险货物道路运输安全管理办法，严格特大型公路桥梁、特长公路隧道、饮用水源地危险货物道路运输车辆通行管控”。

二、建立科学的危险货物道路运输车辆隧道通行分类管理制度

目前，我国针对长大隧道通行危险货物道路运输车辆的管理措施是趋严的，趋向于全面禁止通行或白天繁忙时段禁止通行，但是这种“一刀切”禁止危险货物道路运输车辆通行隧道、桥梁和匝道重要路段的措施，既不科学，也不利于社会经济的发展，应参考国外发达国家的管理经验，建立适用我国的危险货物道路运输车辆隧道通行分类分级管理制度。

第三章 03
CHAPTER

危险货物道路运输车辆长大隧道通行安全评估技术

第一节　危险货物道路运输特点

一、危险货物道路运输的特征

由于危险货物具有爆炸、易燃、毒害、腐蚀、放射性等特性，在运输、装卸和储存过程中，容易造成人身伤亡、财产毁损和环境污染，其运输环节是一项技术性和专业性很强的工作，主要特点如下。

1. 危险性大

危险货物大多具有易燃、易爆、剧毒、腐蚀及放射性等特性，一旦发生事故，可能会造成大量的人员伤亡及财产损失，并对周边的环境造成严重的污染。相对于危险货物生产、经营、储存、使用、废弃等环节的固定作业场所而言，危险货物道路运输是一种动态危险源，载运工具的运动性决定了危险货物道路运输事故灾害发生与演变的时间、地点、强度、范围等的随机不确定性和不可预知性。因此，危险货物道路运输的流动性使其具有动态危险性。

2. 复杂性高

现在国际市场上流通的危险货物有6万~7万种，每年至少有1000多种新品问世。按照危险货物的危险性，《危险货物分类与品名编号》（GB 6944）将危险货物分为9类共20项。每一项中又包含具体的危险货物，《危险货物品名表》（GB 12268）中在册的品名已达3495个。3495种危险货物和每年不断新增的危险货物，其物理和化学性质差异很大，这就决定了火灾、爆炸、中毒等不同类型的事故灾害的表现形式各不相同。同时，危险货物道路运输过程车辆、罐体、路况、气象条件、交通环境多因素的相互作用使其更具复杂性。

3. 专业性强

危险货物道路运输不仅要满足一般货物的运输条件，严防超载、超速等危及行车安全的情况发生，还要根据货物的物理和化学性质，满足特殊的运输条件。其专业性主要表现如下：

（1）业务专营。只有符合规定资质并办理相关手续的经营者才能从事危险货物道路运输业务。国务院发布的《危险化学品安全管理条例》规定，国家对危险货物的运输实行资质认定制度，未经资质认定，不得运输危险货物。交通运输部发布的《道路危险货物运输管理规定》规定，凡申请从事营业性危险货物道路运输的单位，须向道路运输管理机构提出书面申请，经审核符合规定基本条件的，发给加盖危险货物道路运输专用章的《道路运输经营许可证》和《道路运输证》，方可经营危险货物道路运输。

（2）人员专业。危险货物运输业是一个特殊的行业，从事危险货物道路运输的相关人员必须接受有关法律、法规、规章以及安全知识、专业技术、职业卫生防护和应急救援知识的培训，并经考核合格，取得上岗资格证，方可上岗作业。

（3）车辆专用。交通运输部发布的《道路危险货物运输管理规定》和《危险货物道路运输规则》（JT/T 617），对装运危险货物的车辆、容器、装卸机械和工具都作出了明确的规定，只有符合要求的车辆才能从事危险货物道路运输，普通货物运输车辆和不符合条件的车辆都不得装运危险货物。

二、危险货物道路运输事故特点

危险货物道路运输的上述特性决定了危险货物道路运输事故具有下面几个特点。

1. 危险货物本身在事故起因中起重要的作用

危险货物的性质直接影响到事故发生的难易程度，这些性质包括毒性，腐蚀性，爆炸品的爆炸性（包括敏感度、安定性等），压缩气体或液化气体的蒸汽压力、易燃性和助燃性，易燃液体的闪点，易燃固体的燃点和可能散发的有毒气体和烟雾，氧化剂和过氧化剂的氧化性，放射性物质的辐射强度等。

具有毒性或腐蚀性的危险货物泄漏后，可能直接导致危险货物事故，如中毒、灼伤（或腐蚀）、环境污染（包括水体、土壤、大气等）。不燃性气体可造成窒息事故。可燃性危险货物泄漏后遇火源或高温热源即可发生燃烧、爆炸事故。爆炸性物品受热或撞击，极易发生爆炸事故。危险货物发生化学反应可导致容器爆炸。压缩气体或液化气体容器超压或容器不合格极易发生物理爆炸事故；快速膨胀可产生低温环境，导致人员冻伤。放射性货物泄漏后可直接对周围人员及环境产生辐射。

2. 危险货物的性质决定事故后果

事故是由能量的意外释放而导致的。危险货物道路运输事故中的能量主要包括机械能和化学能等。

（1）机械能。主要有压缩气体或液化气体产生物理爆炸的势能，或化学反应爆炸产生的机械能或运转的车辆产生的机械能。

（2）热能。主要有危险货物爆炸、燃烧、酸碱腐蚀或其他化学反应产生的热能，或氧化剂和过氧化物与其他物质反应发生燃烧或爆炸产生的热能。

（3）毒性化学能。有毒有害化学品或化学品反应后产生的有毒有害物质，与体液或组织发生生物化学作用或生物物理学变化，扰乱或破坏肌体的正常生理功能。

（4）阻隔能力。不燃性气体可阻隔空气，造成窒息事故。

（5）腐蚀能力。腐蚀性物品与人体或金属等物品的被接触表面发生化学反应，在短时间内造成明显破损的现象。

（6）环境污染。有毒有害危险货物、放射性物质泄漏后，往往对水体、土壤、大气等环境造成污染或破坏。

危险货物道路运输事故的发生，必然有危险货物的意外的、失控的、人们不希望的化学或物理变化。这些变化是导致事故的最根本的原因。

3. 事故具有突发性、延时性、长期性和社会性

（1）突发性。危险货物运输事故往往是突然发生的，而不需要一段时间的酝酿。

（2）延时性。危险货物中毒的后果，有的在当时并没有明显地表现出来，而是在几个小时甚至几天以后严重起来。

（3）长期性。危险货物对环境的污染有时极难消除，因而对环境和人的危害是长期的。

（4）社会性。危险货物道路运输事故影响范围大，给社会和公众造成极大的危害。

4. 事故往往会造成惨重的人员伤亡和巨大的经济损失

由于危险货物特殊的易燃、易爆、毒害、放射性等危险性，危险货物道路运输事故往往会造成惨重的人员伤亡和巨大的经济损失，特别是有毒气体大量意外泄漏的灾难性中毒事故，以及爆炸品或易燃易爆气体液体的灾难性爆炸事故等。

5. 事故具有不确定性

由于危险货物在运输过程中受许多不确定性因素（如气象条件、交通状况、运输人员的状况等）的影响，危险货物道路运输事故发生的时间、地点、事故的类型等具有不确定性（表3-1）。

危险货物道路运输影响因素分析 表3-1

影响因素	危险货物道路运输	危险货物生产和储存
危险货物类别	类别繁多	类别相对固定
危险货物存量	存量一定	存量变化，取决于生产情况
外部环境	随运输路线变化，较为复杂	外部环境基本不变
车辆/装置复杂性	运输车辆设备较为简单	装置较为复杂
危害的可知性	基本均为已知危害	大部分为已知危害，存在部分未知危害
发生事故的原因	可能为运输车辆自身失效，也可能由于外部事故导致	多由生产装置局部失效导致
事故后果的可预测性	事故后果受所处环境影响较大	事故后果受生产条件影响较大
风险变化程度	风险随外部环境高度动态变化	风险随生产条件变化

对危险货物道路运输行业来说，其涉及危险货物种类较多，周边环境随运输道路变化而变化，但由于槽罐车容积限制，其存量一定，可能造成的事故后果（除次生灾害外）也基本可以预测，因此需要建立基于运输路线周边环境的风险管理方法和流程，控制其道路运输风险。

三、特长隧道危险货物道路运输车辆事故分析

近年来，我国发生了多起隧道危险货物运输事故，不少还造成了重大人员伤亡。例如，2014年3月在晋济高速公路山西晋城段岩后隧道发生了“3·1”特别重大道路交通危化品燃爆事故，造成40人死亡。这些重大事故使我国出现了禁止危险货物隧道运输的倾向，而这种倾向实际上将产生严重后果：一方面，隧道往往是路网中的关键节点，绕行回避困难，危险货物运距的大幅度延长会提高运输成本；另一方面，诱发人们铤而走险，瞒报运输，隐蔽通行，使危险货物运输脱离监管，形成更大风险隐患。

1. 事故成因

通过对以往案例的分析，可以将危险货物隧道运输事故的成因分为两个方面，即外界环境方面和隧道自身车辆通行方面。

1）外界环境方面

（1）通风不畅引起火灾和爆炸。危险货物道路运输车辆在隧道中通行时，由于隧道通风不畅，很多有毒有害物质都滞留在隧道中，特别是有些易燃、易爆、易挥发的有毒物质，在达到一定的浓度以后，遇到高温和明火，极易发生火灾和爆炸。

（2）隧道内外温差引发泄漏。有的隧道长度较长，并具有一定的高差，使得隧道内外存在一定的温度差，进而会引发液体、气体危险货物渗漏腐蚀罐体，容易导致大范围泄漏。

2）隧道自身车辆通行方面

（1）隧道内运输车辆自身事故。运输车辆在隧道内行驶时，制动过长导致轮胎发热、漏油、电路短路等原因，可直接引发起火燃烧，导致危险货物事故发生。

（2）隧道内交通事故。虽然高等级隧道内车辆行驶限速一般为60~80km/h，但超速现象较多。车辆的超速行驶加上受隧道地面湿滑、坡度、弯度及隧道内外光线差等原因影响，危险货物道路运输车辆极易发生连续追

尾、侧翻等交通事故，继而引发危险货物泄漏、燃烧、爆炸等事故。

2. 事故特点

危险货物隧道运输事故的特点主要体现在突发性强、危险货物毒害性大、易燃易爆、易于发生火灾或爆炸性事故等。

（1）突发性强，不易察觉。危险货物隧道运输事故发生的时间和地点具有不确定性，突发性强，而且事件初期具有隐蔽性，许多危险货物无色无味，在隧道内不易发现。

（2）危险货物毒害性大。事故发生后，有些有毒有害物质会迅速在隧道内扩散，有些危险货物还有剧毒性，并且很可能向隧道外以及下风方向流动扩散，在短时间内即可波及整个隧道，对人员、环境危害极大。

（3）易燃易爆。事故发生后，由于货车本身携带一定数量的燃料，加之隧道内受风机作用，空气对流较为畅通，如遇火花极易发生燃烧或爆炸。当隧道内几台或几十台运载不同物质的车辆相撞发生火灾时，会产生大面积燃烧。有的易挥发物质与空气混合形成爆炸性混合物，遇微弱火源，会发生爆炸、燃烧、殉爆。

（4）易于发生火灾或爆炸事故。有些隧道深处水下，其空间相对封闭，断面又小，一旦发生火灾，烟雾大、温度高、能见度低、易窒息，火灾产生的热量和烟气会严重影响现场救援人员的视野与受灾人员的及时有效疏散。当隧道内任意一点发生火灾或爆炸时，被困车辆和人员数较多，撤离路线非常长，难以提供有效逃生救援区域，严重影响隧道逃生救援，人员伤亡和财产损失非常严重。而隧道一旦出现火灾或爆炸事故，如发生漏水等次生灾害事故，后果更加严重。目前我国已建成的特长隧道如青岛胶州湾隧道（约7.8km）及厦门翔安隧道（约8.7km）均禁止危险货物道路运输车辆通行。

通过对国内外类似隧道历史事故的分析可知，隧道事故中容易发生事故的危险货物种类为易燃易爆品，易发生事故车型为罐车，发生概率最多的为火灾事故和爆炸事故，这些事故造成的后果均相当严重。隧道内爆炸事故不仅会引起大量人员伤亡和巨大财产损失，也极易导致衬砌结构的损伤破坏，给隧道的正常使用带来极大挑战。

第二节 危险货物道路运输车辆长大隧道通行管理特点

一、主要危险货物及其危害特性研究

根据《危险货物分类和品名编号》（GB 6944），危险货物分为9大类：第1类爆炸品，第2类气体，第3类易燃液体，第4类易燃固体、易于自燃的物质、遇水放出易燃气体的物质，第5类氧化性物质和有机过氧化物，第6类毒性物质和感染性物质，第7类放射性物质，第8类腐蚀性物质，第9类杂项危险物质和物品，包括危害环境物质。这些危险货物的项别和特征见表3-2。

危险货物类别项别和特征　　表3-2

类别	名　　称	项　　别	基本特征
第 1 类	爆炸品	1.1 项：有整体爆炸危险的物质和物品； 1.2 项：有迸射危险，但无整体爆炸危险的物质和物品； 1.3 项：有燃烧危险并有局部爆炸危险或局部迸射危险或这两种危险都有，但无整体爆炸危险的物质和物品； 1.4 项：不呈现重大危险的物质和物品； 1.5 项：有整体爆炸危险的非常不敏感物质； 1.6 项：无整体爆炸危险的极端不敏感物品	受高热、摩擦、撞击、振动时能够发生剧烈化学反应，瞬间产生大量气体和热量，产生压力，对周围环境造成破坏
第 2 类	气体	2.1 项：易燃气体； 2.2 项：非易燃无毒气体； 2.3 项：毒性气体	受热、撞击或强烈振动易于引起爆炸，或泄漏酿成火灾、中毒等

续上表

类别	名　称	项　别	基本特征
第3类	易燃液体	—	具有较高挥发性，以及流动性和扩散性，容易引起燃烧、爆炸和中毒事故
第4类	易燃固体、易于自燃的物质、遇水放出易燃气体的物质	4.1项：易燃固体、自反应物质和固态退敏爆炸品； 4.2项：易于自燃的物质； 4.3项：遇水放出易燃气体的物质	易燃固体易被外部火源点燃，其烟气具有毒性。自燃物品易于被氧化并放出热量而自行着火燃烧。遇湿易燃物品与水接触可发生自燃
第5类	氧化性物质和有机过氧化物	5.1项：氧化性物质； 5.2项：有机过氧化物	氧化性物质在遇到可燃物质时会引起激烈的化学反应；有机过氧化物对热、振动或摩擦极为敏感
第6类	毒性物质和感染性物质	6.1项：毒性物质； 6.2项：感染性物质	毒害性物质能够破坏人、畜的正常生理功能，甚至导致死亡。感染性物质含有活性微生物，能够引起病态
第7类	放射性物质	—	放射性不易被感官所觉察，且一些具有极强的化学毒性
第8类	腐蚀性物质	—	接触后能够灼伤人体组织及损坏金属物品，其气体对眼睛、黏膜会造成伤害，吸入后会对呼吸道造成严重的损害
第9类	杂项危险物质和物品，包括危害环境物质	—	对环境有严重危害

根据对我国危险货物主要运输种类的分析，可知隧道内主要通行危险货物为第3类易燃液体、第2类气体和第8类腐蚀性物质。

1. 易燃液体

易燃液体主要包括易燃液体和液态退敏爆炸品，是指易燃的液体或液体混合物，或是在溶液或悬浮液中有固体的液体，其闭杯试验闪点不高于60℃，或开杯试验闪点不高于65.6℃。易燃液体还包括满足下列条件之一的液体：

（1）在温度等于或高于其闪点的条件下提交运输的液体；

（2）以液态在高温条件下运输或提交运输，并在温度等于或低于最高运输温度下放出易燃蒸汽的物质。

液态退敏爆炸品是指为抑制爆炸性物质的爆炸性能，将爆炸物质溶解或悬浮在水中或其他液态物质后形成的均匀液态混合物。

常见的易燃液体包括苯、二硫化碳、车用汽油或汽油。对运输来说，第3类危险货物（易燃液体）最主要的危险性是其挥发性蒸汽导致燃烧和爆炸，具体如下。

1）高度易燃性、易爆性

易燃液体几乎都是有机化合物，都含有碳原子和氢原子。在一定条件下（如加热、遇火等）与空气中的氧化合而引起燃烧。同时，由于这些液体的挥发性较大，极易挥发成蒸气并在液池表面与空气形成可燃性混合物，当混合物浓度达到一定范围（即爆炸极限）时，一旦遇明火或加热就会与空气中的氧化合进而引起燃烧或爆炸。

易燃液体爆炸极限范围越宽，燃烧、爆炸的可能性越大；温度升高，易燃液体挥发量增大，易燃易爆性增大；相同温度下，易燃液体闪点越低，越易挥发，易燃易爆性越高。

2）能与强酸、氧化剂剧烈反应

易燃液体遇氧化剂或具有氧化性的强酸（如高锰酸钾、硫酸、硝酸）会剧烈反应而自行燃烧。因此，装运时，应注意易燃液体不得与强酸、氧化剂混装，或者采取有效措施隔离方可。

3）有毒性

大多数易燃液体除具有易燃、易爆的危险特性外，还具有不同程度的毒性。易燃液体可通过皮肤、消化道或呼吸道被人体吸收而中毒。如长时间地吸入醚蒸汽会使人麻醉，深度麻醉可致人死亡。特别是挥发性较大的易燃液体，其蒸汽带来的毒性更不可忽视，即使是挥发性很小的易燃液体，直接与之接触也是有害的。易燃液体蒸气浓度越大，毒性也越大。

2. 气体

气体是指满足下列条件之一的物质：在50℃时，蒸汽压力大于300kPa的物质；20℃时在101.3kPa标准压力下完全是气态的物质。包括压缩气体、液化气体、溶解气体和冷冻液化气体、一种或多种气体与一种或多种其他类别物质的蒸汽混合物、充有气体的物品和气雾剂。这类气体以货物的物理特性为依据，即在50℃时的蒸汽压力大于300kPa，或20℃时在101.3kPa标准压力下完全是气态的物质，经压缩或降温加压后，储存于耐压容器或特制的高绝热耐压容器（俗称钢瓶）内或装有特殊溶剂的耐压容器中，均属压缩、液化或溶解气体货物。常见产品有氧气、氢气、氯、溶解乙炔、天然气等。

1）2.1项可燃气体

该项包括满足下列条件之一的气体：

（1）爆炸下限小于或等于13%的气体；

（2）不论其爆炸下限如何，其爆炸极限（燃烧范围）大于或等于12%的气体。

该项气体泄漏时，遇明火、高温或光照，即会发生燃烧或爆炸。燃烧或爆炸后的生成物对人体具有一定的刺激或毒害作用。氢气、二氧化碳、硫化氢、氰化氢、氨、一氧化碳、乙炔、甲烷、丙烷、乙烷等都属于2.1项可燃气体。

2）2.2项非易燃无毒气体

该项包括窒息性气体、氧化性气体以及不属于其他项别的气体，不包括20℃时压力低于200kPa，并且未经液化或冷冻液化的气体。该项气体泄漏时，遇明火不燃，直接吸入体内无毒、无刺激、无腐蚀性，但高浓度时有窒息作用。

3）2.3项毒性气体

该项包括满足下列条件之一的气体：

（1）毒性或腐蚀性对人类健康造成危害的气体；

（2）急性半数致死浓度LC_{50}值小于或等于5000mL/m^{3}的毒性或腐蚀性气体。

该项气体泄漏时，对人畜有强烈的毒害、窒息、灼伤、刺激等作用。该项气体的毒性指标与第6类危险货物（毒性物质）的毒性指标相同。其储运的注意事项也必须遵守毒性物质的有关规定。

总的来说，气体具有以下危险特性：

（1）容器破裂甚至爆炸。此类货物都是灌装在耐压容器中，内部承受着几兆帕压力的容器本身就是一种危险货物。由于受热、撞击等原因造成容器内压急剧升高，或者由于容器内壁被腐蚀、容器材料疲劳等原因使容器的耐压强度下降，都会引起容器的破裂甚至爆炸。

（2）由气体物质本身的化学性质引起的危险。由于各种气体的化学性质差别很大，有的易爆易燃，有的有毒，有的具有腐蚀性等，气体如果溢漏出来，因其本身的化学性质，就可能引起火灾、爆炸、中毒、灼伤、冻伤等事故。即使是化学性质很不活泼的惰性气体的溢漏，也会引起窒息死亡。

3. 腐蚀性物质

腐蚀性物质是指通过化学作用使生物组织接触造成严重损伤或在渗漏时会严重损害甚至毁坏其他货物或运载工具的物质。包括满足下列条件之一的物质：

（1）使完好皮肤组织在暴露超过60min、但不超过4h之后开始的最多14d观察期内全厚度毁损的物质。

（2）被判定不引起完好皮肤组织全厚度毁损，但在55℃试验温度下，对钢或铝的表面腐蚀率超过6.25mm/a（读作毫米每年）的物质。

在实际工作中，根据化学性质将第8类危险货物（腐蚀性物质）分为酸性腐蚀性物质、碱性腐蚀性物质和其他腐蚀性物质。

1）酸性腐蚀性物质

酸性腐蚀性物质按其化学组成可分成无机酸性腐蚀性物质和有机酸性腐蚀性物质两个子项。

（1）无机酸性腐蚀性物质。这类物品都是具有酸性的无机物。酸性的大小决定了腐蚀性的强弱。其中不少酸具有很强的氧化性，如硝酸、硫酸、氯磺酸等。很明显，具有强氧化性的无机酸不能接触有机物。无机酸性腐蚀性物质中还包括遇水或遇湿能生成酸的物质，如三氧化二硫、五氯化磷等。

（2）有机酸性腐蚀性物质。酸性的有机物品，如甲酸、溴乙酰、三氯乙醛、冰醋酸等，绝大多数是可燃物，有很多是易燃的，如乙酸，闪点40℃；丙烯酸，闪点54℃；丁基三氯硅烷，闪点52℃；丙酸，闪点54.4℃等。所以，同样是酸性腐蚀性物质，无机酸具有强氧化性，有机酸大多数可燃，绝不能认为同是酸性就把它们配载或混储，它们之间必须分类管理，储存运输时不能一起存放。

2）碱性腐蚀性物质

碱性腐蚀性物质包括碱性的无机物和碱性的有机物。其碱性决定了其腐蚀性。一般来说，碱性的大小决定了腐蚀性的强弱；碱性腐蚀性物质的腐蚀性要比酸性物品的腐蚀性弱一些；无机碱比无机酸的腐蚀性弱；有机碱比有机酸的腐蚀性弱；同是碱性物品，无机碱要比有机碱的腐蚀性强。无机碱性腐蚀性物质中没有具有氧化性的物质，所以没有必要再把碱性腐蚀性物质分为有机碱性和无机碱性两个子项。碱性腐蚀性物质中的有机物如水合肼等，是强还原剂，易燃，其蒸汽会爆炸。

3）其他腐蚀性物质

其他腐蚀性物质是指既不显酸性也不显碱性的腐蚀性物质，如次氯酸钠、三氯化锑、苯酚、甲醛等，分为无机物和有机物两类。无机物中的次氯酸钠、漂白粉有氧化性。有机物可燃，如甲醛的闪点50℃，爆炸极限7%~73%，具有极强的还原性。腐蚀性物质的上述分类是由各种腐蚀性物质本身的化学性质决定的。

腐蚀性物质是化学性质非常活泼的物质，能与很多金属、非金属及动、植物机体等发生化学反应。腐蚀性物质不仅具有腐蚀性，很多同时还具有毒性、易燃性或氧化性等性质中的一种或数种。

1）腐蚀性

腐蚀是物质表面与腐蚀性物质接触后，发生化学反应而受到破坏的现象。

（1）对人体的腐蚀（化学烧伤或化学灼伤）。具有腐蚀性的固体、液体、气体或蒸汽都会对皮肤表面或器官的表面（如眼睛、食道等）产生化学烧伤。固体腐蚀性物质如氢氧化钠等，能烧伤与之直接接触的表皮。液体腐蚀性物质则能很快侵害人体的大部分表面积，并能透过衣物发生作用。气体腐蚀性物质虽然不多，但许多液体腐蚀性物质的蒸汽和粉末状固体腐蚀性物质的粉尘，同样具有严重的腐蚀性，能伤害人体的外部皮肤，尤其会侵害呼吸道和眼睛。

（2）对物质的腐蚀。腐蚀性物质中的酸、碱甚至盐都能不同程度地对金属进行腐蚀。它们会腐蚀金属的容器、车厢、货舱、机仓及设备等。即使这些金属物质不直接与腐蚀性物质接触，也会因腐蚀性物质蒸汽的作用而锈蚀。如化工物质运输车辆的损耗程度要比普通运输车辆的损耗大得多。

有机物质如木材、布匹、纸张和皮革等也会被酸、碱腐蚀。腐蚀性物质甚至能腐蚀水泥建筑物，洒漏于水泥地上的盐酸，能把光滑的地面腐蚀成为麻面。洒漏的硫酸，不加水稀释流入下水道，会使水泥制的下水道毁坏。氢氟酸甚至能腐蚀玻璃。

2）毒性

腐蚀性物质中有很多物质还具有不同程度的毒性，如五溴化磷、偏磷酸、氢氟硼酸等。特别是具有挥发性的腐蚀性物质，如发烟硫酸、发烟硝酸、浓盐酸、氢氟酸等，能挥发出有毒的气体和蒸气，在腐蚀肌体的同时，还会引起中毒。

3）易燃性和可燃性

有机腐蚀性物质具有可燃性。这是所有有机物的通性，是由它们本身的化学构成所决定的。其中有很多有机腐蚀性物质闪点很低，如冰醋酸，闪点40℃；醋酸酐，闪点54℃，遇明火会引起燃烧。

通过对以上主要类别危险货物的危害特性分析可知，危险货物主要具有易发生大爆炸、易燃可燃等性质，一旦发生车辆追尾、碰撞，泄漏等事故，极易发生火灾、爆炸、释放有毒气体等事故，这几类事故发生在长大隧道时，由于隧道的封闭性等特点，事故后果危害性极大。

二、危险货物道路运输车辆通行隧道主要特点

1. 隧道的安全隐患及隧道交通事故特征

1）隧道的安全隐患

隧道具有封闭、视线差、救援困难等特性，存在安全隐患。

随着我国经济快速发展，公路隧道数量和长度迅速增长。《2019年交通运输行业发展统计公报》的数据表明，我国共有公路隧道19067处，总长1896.66万m，其中，特长隧道1175处，521.75万m；长隧道4784处，826.31万m，是世界上隧道建设数量最多、里程最长的国家。隧道在缩短行车距离、提高车速、保护环境等方面发挥了积极作用，取得了良好的社会和经济效果，但在交通安全方面也存在隐患。

根据《道路交通事故统计年报（2015年度）》，2015年我国公路隧道共发生交通事故504起，同比增长24.75%。与开放路段相比，隧道具有封闭、视线差、救援困难等特性，一旦发生交通事故，整个隧道段的通行能力和安全性能都将受到影响，对生命和财产安全的威胁更大。2015年，我国公路隧道交通事故共造成238人死亡，同比增长5.31%，每起隧道交通事故的致死亡率为0.47，是全年公路交通事故平均值的1.2倍。

2）隧道的交通事故特征

我国隧道交通事故在夏、冬两季多发，长大隧道和隧道洞口发生事故的概率大。通过对我国隧道交通事故的分析研究发现，其在时空分布、事故形态、车辆类型和影响因素等方面具有以下特点：

（1）夏、冬两季事故多发。

（2）长大隧道和隧道洞口发生事故概率大，挪威的相关研究结论也表明隧道的入口照明段和出口照明段发生事故的概率最高。

（3）隧道中追尾事故最多发，其次是单车撞壁事故。

（4）隧道事故车辆类型中，小型客车和大型货车所占比例较大，且大型货车大多超载超限。

（5）超速和冰冻、雨雪天气是引发隧道交通事故的最主要原因。

除了上述特点以外，我国公路隧道火灾事故相对较多，主要原因是车辆自身故障，包括车辆发动机起火、轮胎起火、电器线路起火等。

在隧道火灾事故中，道路交通事故导致的火灾占18%、车载货物自燃引发的火灾占7%。在时间分布上，夏、冬两季为火灾事故多发期；在空间分布上，隧道出入口和长陡坡段是火灾事故多发点；在事故形态上，车辆追尾、碰撞和自燃诱发的火灾占总数的90%以上；从车辆类型看，货车是主要的火灾源，67%的隧道火灾都和货车相关；约12%的隧道火灾事故与车载易燃易爆危险货物相关。

2. 隧道通行的主要特点

（1）大型货车交通量较大。隧道在大交通量、货车比例高等显著特点的情况下，交通安全与运行管控技术极为关键。

（2）危险货物道路运输安全形势严峻。随着我国工业化、城镇化进程加快，经济增长迅速，危险货物运输量逐年增大，介质品类多、危险程度高，过境危险货物道路运输车辆流量大。危险货物道路运输车辆在通行隧道过程中，一旦发生泄漏，极易造成更大的财产损失和人员伤亡，尤其是毒性气体泄漏、易燃易爆货物燃烧、剧毒及强腐蚀性货物泄漏对水体的污染和基础设施的破坏等，易对隧道本身造成极大的破坏。

（3）运营安全及防灾救援面临挑战。隧道环境中交通封闭，不利于与周边沟通及应急资源的保障。一旦发生突发事件，特别是涉及危险货物的突发事件，应急响应及救援难度很大。因此，安全运营，突发事件应急预案，防灾救援对保障长大隧道车辆运行安全，及时科学、合理的启动应急预案，顺利、安全开展应急救援工作十分必要。

第三节　危险货物道路运输车辆长大隧道通行主要安全影响因素

一、危险货物道路运输主要安全影响因素

危险货物道路运输系统，一般应由危险货物及其包装、车辆设备设施、相关人员、道路条件及环境状况和安全监管5个因素所构成，若把前4个因素

看作系统的内部因素，则安全监管因素属于外部因素（图3-1）。

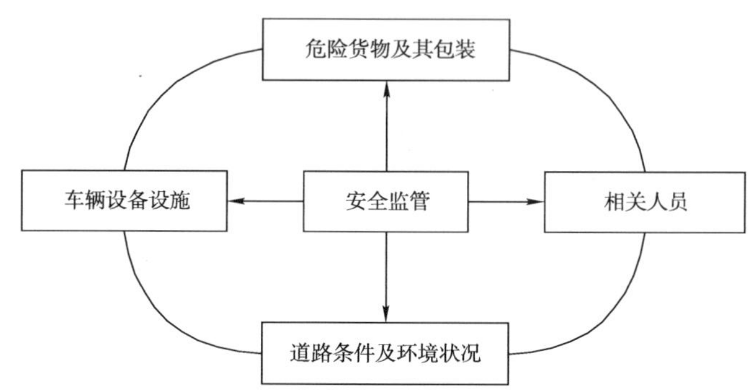

图3-1　危险货物道路运输系统结构图

如果4个内部因素间能组成一个和谐的统一体，则系统就会安全运行，否则，会导致事故发生。另外，还应注意该运输系统内部因素受到外部因素的控制和影响，而外部因素对道路运输的整体安全水平起着宏观指导和监管作用。如道路运输职能部门的管理和指挥、相关公安交通管理部门的安全监管等。

1. 危险货物及其包装

危险货物具有毒性、爆炸性、腐蚀性、易燃性以及辐射性等特殊的化学特性，且由于性质活泼、不稳定，极易发生爆炸、燃烧、中毒、腐蚀、放射性辐射等严重事故。具有爆炸性的物质受到撞击或者受热的情况下易引起爆炸事故；具有毒性的物质挥发或者泄漏后将导致大范围人员中毒且会对环境造成严重的污染；放射性物质具有辐射性，大量的放射性物质对人体和动植物有着巨大的伤害，程度较重的可导致死亡。因此，货物危险性的大小，是决定危险货物道路运输风险大小的关键因素。

危险货物包装容器具备保护内装危险货物的功能，从而达到确保危险货物安全运输的目的。危险货物应装在质量良好的容器内。在正常的运输条件下，这些容器不应使所要运送的包装件，由于振动，或由于温度、湿度或压力的变化而引起任何渗漏。为了保证危险货物运输的安全，驾驶员运输危险货物时应提高警惕，以防发生危险。对危险货物的包装必须具备国家统一规定的“危险货物包装标志”。运输的危险货物种类和数量决定了道路运输的主要危险程度。危险货物包装的图形共有21种，19个名称，分别标示了9类危险货物的主要特征。危险货物的包装质量对其安全运输也有着重要影响。我国危险货物道路运输一般为长途运输，据统计，95%以上的危险货物涉及异地运输问题，包装物品在运输过程中所受到的冲击力没有装卸时大，但受振动损坏的机会较多。危险货物道路运输的安全隐患是从泄漏开始的，由于行车中车辆颠簸振动，所产生的冲击力和振动力较大，往往容易造成包装破损，从而导致危险货物道路运输车辆发生泄漏或遗洒，以致引起火灾爆炸或中毒等事故。此外，负荷、温度、湿度等的变化也会对包装带来影响。

2. 车辆设备设施

车辆是保证危险货物道路运输安全的关键因素，车辆自身状况的好坏和采用的安全科技的含量等因素对运输的安全都有着直接的关系，如果状况不好会严重影响行车安全，导致事故发生。提高车辆的安全性能，是保证危险货物道路运输安全的根本途径。车辆及其设备设施的缺陷是危险货物道路运输的最大危险源，主要包括两类：一类是车上的危险货物容器或危险货物包装、固定的缺陷；另一类是车辆本身的缺陷，主要包括制动、转向系统，行驶系统（轮胎、拖挂连接处等），发动机等的缺陷。车辆及其设备设施的缺陷主要是管理原因和人的失误所致，人们可以通过采取一些措施将其安全隐患减少到最低程度。危险货物具有易燃、易爆、毒害、腐蚀等危险性质，决定了危险货物道路运输车辆的结构、技术性能和装备必须符合一些相应的特殊要求。首先，运输车型必须与所承载的危险货物的性质、形态及包装形式（储罐、钢瓶、抗振包装等）相一致。而且针对选用的车型、所装运的危险货物的性质不同，危险货物道路运输车辆必须配备相应的安全装置，如需配备排气管火花熄灭器、泻压阀、防波板、遮阳物、压力表、液位计、消除静电设施以及必要的灭火设备等。运输剧毒、爆炸等危险货物的车辆，运输企业必须为车辆配备人员防护和施救设备，在车身两侧和后部喷涂“毒”“爆”文字；车辆或罐体的后部和两侧粘贴反光带，标示车辆或罐体的轮廓。危险货物道路运输车辆应安装安全行车纪录仪和GPS，通过采用集成GPS技术、车辆行驶安全信息记录技术等高科技手段，实现对危险货物道路运输车辆的动态监控，从而达到降低危险货物道路运输事故和减少事故损失的目的。

3. 相关人员

危险货物运输业是一个特殊行业，从事危险货物道路运输的相关人员必须掌握危险货物道路运输的有关专业知识和技能，并做到持证上岗。人是保证危险货物道路运输安全的决定性因素，驾驶员等运输从业人员的素质直接影响到运输安全，在整个危险货物道路运输系统中，涉及的主要人员有驾驶员、押运人员、装卸人员、车辆的维修维护人员、行业管理人员等。当前，运输从业人员素质普遍较低，缺乏必要的危险货物道路运输常识，遇紧急情况处置不当、措施不力是目前发生危险货物道路运输事故的主要原因。因此，要确保危险货物道路运输安全，就必须把握好“人”这个决定性因素。运输危险货物责任重于泰山，其中驾驶员最为重要，驾驶员行车要“礼让三先”，主动避让各种车辆，躲开坑坑洼洼，不开英雄车、赌气车，使车辆在平稳中前进。驾驶中要尽量少用紧急制动，以保持货物的稳定。值得注意的是，无论运输何种化工产品，都要加盖雨布，以防行车交会时有烟头飞落。对这些人员的日常管理、业务培训不到位，就容易造成危险货物道路运输中的违章操作、人员失误以及玩忽职守等，诸如违章超车、操作失误、忽视瞭望、疲劳驾驶、不实施日常三检、违章装卸货物等。加强对运输从业人员的监管，是保证危险货物道路运输安全的基石。

4. 道路条件及环境状况

为预防交通事故，减少事故损失，道路工程必须配有合理的道路设施。道路设施主要包括交通安全设施、交通管理设施、防护设施、照明设施、其他沿线相关设施及绿化等。危险货物禁止通行标志不完善，也是导致危险货物道路运输事故的一个重要因素。此外，为了进一步消除道路设施方面存在的安全隐患，在道路设计时一定要考虑安全因素，如在危险路段设计防撞护栏等。道路和道路设施的性能和安全状况直接和间接影响着危险货物道路运输的安全，不利的路况因素使危险货物及其包装更容易出现破损、泄漏，不良的道路条件会影响驾驶员的驾驶行为并对其心理造成影响，使驾驶员的失误增多，加大运输事故发生的概率。

二、危险货物道路运输车辆长大隧道通行特点

针对长大隧道，除危险货物本身、货物包装容器和从业人员这些影响因素之外，道路条件和环境状况相比一般公路应更加重视。

公路隧道结构和设施复杂、出入口少、疏散路线长、通风照明条件差。在通风的隧道内一旦发生火灾事故，其危害性极为严重，如：烟气产生量大，温度高，能见度低，蔓延速度快；车辆多，通道容易堵塞；人员疏散困难；扑救难度大；通信困难，指挥不畅。

公路隧道内部是一个半封闭的空间，除两端的进出口之外隧道内部一般都不再设置与外界连接的出入口。因此，一旦隧道内部发生事故，隧道内被困的人员及车辆只能向隧道两端的进出口逃生，而参与救援的人员、设备也只能够从隧道两端的进出口出入隧道，与一般道路交通事故相比隧道交通事故逃生的难度增大，救援工作开展也很困难，而逃生通道不畅和救援工作不能顺利进行有可能会增加人员的伤亡和财产的损失，造成恶性灾难事故。

第四节　危险货物道路运输车辆长大隧道通行安全风险评估技术

2020年6月13日，G15沈海高速公路浙江省温岭市大溪镇良山村段发生了一起液化石油气（LPG）槽罐车爆炸事故。事故造成20人死亡，172人受伤。初步判断，事故原因是由于槽罐车失效，导致LPG泄漏汽化，遇到点火源被

点燃发生爆炸。此外，槽罐车车体受到冲击飞至300多米外，引发了二次爆炸及伤害。该事故发生在高速公路匝道上，距离人员聚集区非常近，因此导致了非常严重的事故后果。如果该车辆没有驶离高速公路，继续在高速公路上行驶，这次事故可能不会发生，或者发生事故后造成的人员伤亡不会这么多。因此，应尽快引入风险管理的手段，对危险货物道路运输以及运输路线的风险进行科学评估，选择风险较低同时经济可行的运输路线，坚持“安全第一、预防为主、综合治理、便利运输”的原则。

一、国外危险货物道路运输车辆通行风险管理措施

北美洲和欧洲在危险货物道路运输风险管理方面的研究起步较早，其经验值得我们借鉴。

1. 美国

美国交通部（DOT）早在2007年就委托其下属的联邦车辆运输安全管理局（FMCSA）开展了全国性的危险物质运输线路安全与安保风险分析工作。在2009年又与美国国土安全局（DOHS）合作发布了《危险物质高速公路路线规划指南》，明确要求危险物质运输企业应根据地理信息系统（GIS）制定运输线路选择框架，并给出了路线选择过程中成本效益分析边界条件供企业使用。此外，美国联邦机动车辆安全管理局每年在其官网上发布全国危险货物道路运输登记表，列出了危险货物道路运输的指定、推荐和受限的道路信息，供危险货物道路运输企业在路线选择时进行参考。

2. 欧盟

《危险货物国际道路运输欧洲公约》（ADR）对所有可能出现的危险货物的道路运输均进行了详细地规范和限制。基于国际通用的化学品分类标准，《危险货物国际道路运输欧洲公约》（ADR）罗列出危险货物的清单，相关的运输要求涵盖装卸车、检验、转运、车辆等各个环节。在运输限制方面，《危险货物国际道路运输欧洲公约》（ADR）要求基于安全评估道路结构（如桥梁、隧道）、极端天气情况、地震、事故、特殊时间等因素，还要

求为运输车辆设计特定的路线以避开人口居住区、环境敏感区、带有危险物质的工业区或存在严重物理危害的道路，如果无法避免，应进行风险评价，评价的内容包括替代路线的可能性和适用性、交通状况和管制等。评价中应考虑火灾、爆炸和有毒物质泄漏带来的人员伤亡、环境污染、交通堵塞、道路特别是隧道的结构性损坏等后果。此外，《危险货物国际道路运输欧洲公约》（ADR）还提供了一份计算危险货物道路运输风险的指导手册。手册中的风险计算方法运用了事故树和定量风险分析（QRA）方法，并结合过往事件的统计分析数据得出的ALARP（最低合理可行）模型，从而可以将危险货物道路运输的风险量化并用于风险评价，有助于相应的风险预测和管理。

3. 挪威船级社与德国劳氏船级社（DNVGL）

DNVGL在全球曾为多家企业和行业协会开展危险货物道路运输风险管理工作，包括危险货物道路运输路线选择等。其路线选择标准首先应考察风险是否处于可接受范围，如风险不可接受，则应考虑其他运输路线或其他运输方式；若多条路线均处于风险可接受范围，则应根据风险值与运输成本开展成本效益分析，选择对于企业最优的运输路线。

基于DNVGL在风险管理领域的经验，一个有效的降低危险货物道路运输风险的管理流程应至少包括以下几个步骤：

（1）风险识别。根据危险货物的种类和特性，识别可能发生的风险场景，并对其重要程度进行排序，以开展危险货物道路运输风险分析。

（2）风险分析。根据排序结果，针对不同的风险场景定性、半定量或定量地分析其泄漏的可能性、后果以及风险。

（3）风险评价。根据制定的风险可接受标准，比较不同路径的风险，并作出运输路线选择。

（4）风险策略。根据所选运输路径的特点，制订风险减轻措施，并与内外部相关方沟通。

（5）风险控制。确认并实施风险减轻措施。

（6）风险监控。对危险货物道路运输过程进行监控，并根据需要实时调整其运输路线。

其中，使用何种方法对风险进行分析应与化学品的特性相结合，避免管理上的“一刀切”。如部分国外企业认为，甲醛溶液在运输过程中，对周边人群和环境造成的风险较低，因此可以使用半定量的打分方法对风险进行分析和评价；而液氯在运输过程中，一旦发生泄漏，其毒性较高，对周边人群和环境影响较大，因此应采用定量风险分析（QRA）的方式进行评估。

定性的风险评价多以检查表的形式开展，在填写检查表的过程中，应制订有效的风险控制措施。半定量的风险评价则从多个不同维度，如运输里程、时长、事故历史、运输量、危险货物的毒性、可燃性、运输途中的人口及设施分布等，进行指数打分，并形成风险指数。在定量风险分析（QRA）的过程中，则应根据故障树和事件树对泄漏的频率和后果进行定量计算，获取运输路径上的个人风险值和社会风险值。

此外，由于道路情况变幻莫测，还应充分利用现代化技术手段，对危险货物道路运输全过程进行监控和提示，根据路况的实时变化，必要时对运输路线进行调整。

二、国内外危险货物道路运输车辆通行风险评估技术

1. 定量风险评估模型

定量风险评估（The Quantitative Risk Assessment，简称QRA）方法，是一种常用的风险评估方法，能在风险事件发生前对事件造成的人员伤亡、经济损失和环境影响进行定量的估计。QRA方法通常从事件发生的可能性以及事件造成的后果两个方面进行评估，被广泛应用于投资风险评估、工业安全管理等多个领域。该方法常用的定量风险评估模型（The Quantitative Risk Assessment Model，简称QRAM）是本书在模型构建过程中需要重点借鉴的模型。

1）一般危险货物道路运输

文献［5］给出了危险货物道路运输的风险评估模型，该模型可估算不同

事故情景下的事故发生概率，并且可对事故造成的死亡人数进行估计。该研究对意大利Genoa-Milan的A-7高速公路案例进行分析，并给出一种个人层面的事故接受程度指标，作为危险货物道路运输决策一般性构架的依据。

文献［7］研究了液体危险货物道路运输通过高速公路大桥的风险评估模型，该模型考虑了车辆通行率、罐体最大截面积和液体闪火点等因素，并以一定方式对风险值R的各组成部分进行单位标准化。模型对通行Taizhou大桥的车辆信息统计数据进行了分析，并给出了不同风险值R对应的接受标准和车辆通行控制策略。

2）危险货物隧道运输

文献［1］基于斯洛伐克的《隧道风险分析技术规范》（TP041）中的风险分析模型，编译了相应计算程序，并按照该方法生成隧道运输风险的事件树，对斯洛伐克正在使用中的5条隧道进行了风险估算。文献还采用一种现象预测软件EMUT，对一条典型隧道在运营期的事故原因进行了进一步分析。

文献［10］总结了定量风险评估模型在隧道货物运输风险评估方面存在的一些缺陷，采用一种STAMP改进策略对隧道火灾事故的QRA模型进行改进。改进策略将模型包含的诸多事故场景简化为一定数量的安全约束，同时考虑隧道安全控制结构的控制措施不足和潜在的控制系统缺陷等因素对货物运输风险的影响。

文献［11］介绍了一种开发公路隧道QRA模型软件的方法。方法详细介绍了QRA模型的基本框架、基于布尔逻辑的事故发生故障树（Fault Tree）、事件分析树以及模型输入参数和安全目标等组成部分。文献利用开发的软件对新加坡的Kallang/Paya Lebar Express way地下线路进行了风险评估，并给出社会风险曲线。

文献［17］总结了常用隧道运输定量风险评估的方法，选择包含最多场景选择、隧道类型以及交通参数的PIARC-OECD方法作为构建模型的基础，向原始PIARC-OECD模型中添加定性危险场景分析构成了所研究的模型。该模型可评估同一隧道单向通行、双向通行等多种情景下的运输风险，并对涉及情景的F/N曲线进行分析对比。文献同时采用CFD仿真，对100MW火灾的烟雾风险和过热风险进行了分析，给出了不同情景对应的风险程度。

2. 决策支持模型

决策支持（The Decision Support，简称DS）方法，是一种能够帮助决策者进行问题分析、模型构建和决策模拟的理论方法，可有效提高决策水平和质量。在危险货物道路运输车辆隧道通行研究领域，隧道风险等级的确定和车辆通行规则的制定往往依赖于有效的决策支持方法。以决策支持方法为基础构造的决策支持模型（The Decision Support Model，简称DSM），可以将QRAM的输出结果作为模型输入，为决策者提供合理的决策参考依据。

1）一般危险货物道路运输

文献[3]通过对哥伦比亚危险货物道路运输供应链的驾驶员、承运人以及危险货物生产商的调查分析，给出了危险货物道路安全运输的一系列关键绩效指标，这些指标涉及危险货物道路运输供应链的安全性、服务水平以及生产成本等多个方面。其中部分指标有助于危险货物道路运输供应链的决策执行。

文献[4]提出了一种危险货物道路运输的路径选择模型，该模型以道路事故发生的频率和事故损失作为模型的目标函数，将路网中的可选路线进行分段处理，并给出了事故频率的计算方法。文献同时利用“广度优先搜索算法”（The Breadth First Search Algorithm，简称BFSA算法），对波兰的危险货物道路运输案例进行了仿真计算，给出了案例考虑特定风险值的最优运输路线。

文献[6]以一些试点高速公路的现场数据为基础，开发了一个可通过多元统计分析方法对给定路线上的事故发生频率进行实际评估的数据库，并给出危险货物道路运输的一种风险评估模型。该文献同时提出一种基于图论的优化算法计算最佳的运输计划，并给出算法中用于决策运输路段选择的接受策略。该算法对意大利危险货物道路运输的一个案例进行了计算，给出了最终计算得到的图形方案结果。

文献［9］提出了一种危险货物道路运输的路径选择方法，该方法在路径包含的路段成本计算中，将路段危险货物道路运输的风险评估值作为路段成本值的组成部分。在运输风险评估值的计算过程中，考虑了不同车流密度甚至拥堵情况对运输风险的影响，不同车流密度下的期望频率参考《公路通行能力手册》（Highway Capacity Manual，2000）进行计算。

2）危险货物隧道运输

文献［16］回顾了危险货物隧道运输的既有研究成果，总结了危险货物隧道运输风险评估应考虑的重要因素。文献以危险货物道路运输条例《危险货物国际道路运输欧洲公约》（ADR）中的隧道分类标准为基础，提出一种全面的隧道分类方法，并给出了隧道分类决策方法的具体工作流程。改方法包含了三种不同水平的隧道分类方法，并提出一种简化的风险分析方法，可用于现有隧道和新隧道的风险分类。

文献［18］基于定量风险评估模型，构建了一种求解隧道事故预防安全规定最佳组合的模型。模型将通风设施、火灾探测和火灾验证的年度价值作为目标函数，考虑了安全规定组合应满足的社会风险和个人风险约束，采用双向搜索和边界算法（The Bi-Section Search and Bound Algorithm），对模型进行求解，并展示了不同求解结果中隧道安全设施的年度价值，并求解得到最佳安全规定组合对应的个人风险和社会风险曲线。

3. 隧道事故风险评估

文献［8］基于事件树分析法和流体力学计算，分别对液化石油气泄漏风险的事故发生概率和事故结果进行了估计，得出运输船液化石油气泄漏的风险评估模型。文献利用多种情景的运输船只液化石油气泄漏事故仿真结果，对模型效果进行验证分析，给出了不同仿真结果具体的风险度指标值和风险程度排序。

文献［12］提出了一种基于随机数的方法来改进隧道火灾安全的定量风险评估模型。这种方法根据所研究隧道的特征对隧道参数进行识别，筛选出应考虑随机因素的模型参数，并利用蒙特卡罗仿真模型对隧道案例进行结果仿真。通过对比考虑某些预防火灾措施前后的仿真结果，得出测试隧道案例最佳的安全改进方法。

文献［14］采用生存方法（The Survival Methodology）构建了一种危险货物道路运输无事故里程的估计模型。该研究利用GPS数据，确定了运输过程中可能导致风险暴露的变量，并给出了寻找潜在因素变量的方法。文献利用来自中国6家运输公司的原始位置数据，得出了用于模型参数估计的一组17个风险暴露因子，对模型稳定性和风险暴露因子对无事故里程造成的影响进行了分析。

4. 其他相关研究

文献［2］对澳大利亚主要公路隧道的火灾事故数据进行了详细统计和分析，数据分析包含隧道起火频率、起火货物类型以及起火车辆类型等多个方面。文献同时从火灾探测和灭火系统等方面进一步进行分析说明，为国际消防工程界固定灭火系统的效用提供了数据说明。

文献［13］是一篇关于公路隧道运输风险评估的综述性文献。该文献首先介绍了隧道货物运输风险评估的框架概念，阐述了模型一般需要考虑的关键性因素；之后，对欧盟多个国家应用的隧道运输风险评估方法进行了分类和对比分析；最后，对各国的隧道运输风险评估方法进行了总结性的探讨，结合既有研究指出了风险评估理论方法上面临的一些挑战、较为关键性的评估标准以及风险预防措施的研究方向。

文献［15］对危险货物运输风险评估方法和风险接受程度判定进行了概述和讨论，并使用符合欧洲最低基础设施要求的一条希腊典型隧道中的代表性交通事故数据，来比较和讨论每种方法的最终风险值。通过对这些方法的分析比较，得出了有关实施风险分析方法，并为风险标准的进一步完善提供了建议。同时该文献还提出了一种基于风险降低和社会经济因素的安全措施最佳选择框架，并讨论了其在公路隧道风险分析中的适用性。

文献［19］针对全覆盖隧道（Cover Road Tunnel）和分段隧道（Cut Road Tunnel）开展风险评估的相关研究，探讨将大长隧道分割为较短的多个部分是否会对危险货物的隧道运输安全产生影响。研究利用PIARC-OECD模型对不同车流量和人口密度的三个案例进行了分析比对。

文献［20］简要介绍了隧道风险评估关键项目ERS2，并描述了该项目开发的隧道风险评估模型PIARC-OECD的构建基础和考虑场景。利用该模型，文献分析了Tauern隧道中，运输车辆采用不同跟车策略以及隧道使用不同紧急通风设施时，危险货物隧道运输通行的风险程度变化。

文献［21］是隧道风险评估关键项目ERS2的介绍文献，给出了ERS2项目的产生背景、关键项目参与人员以及参与项目的重要组织机构。该项目回顾了各国采用的危险货物隧道运输通行法规，对定量风险评估和决策支持的方法进行了介绍，并对降低隧道风险的措施进行了讨论。文献同时重点介绍了项目开发的PIARC-OECD模型的构建依据和应用范围，并阐述了模型的输入和输出内容。

文献［22］利用PIARC-OECD模型，对EU Directive中提到的两种典型单向通行隧道进行了风险评估。评估过程考虑多种危险货物道路运输车辆在交通流中的占比，并通过结果分析说明了事故期望值与危险货物道路运输车辆占比的线性相关性。

文献［23］介绍了PIARC开发模型和软件，对EU Directive中的两种典型隧道进行了风险评估。基于仿真结果绘制的雷达图，提出一种快速估算危险货物隧道运输风险的方法，用于帮助隧道管理机构实时快速指定管理策略，减少道路拥堵。

文献［24］基于CREAM方法，设计了一种粗糙集逻辑系统。该系统能够通过人机界面充足性、程序可靠性和操作人员熟练性和经验充足性，估算隧道事故发生时隧道设施操作人员的反应时间，并将该反应时间作为PIARC的QRA模型输入值，评估该时间对危险货物道路运输车辆隧道通行风险的影响。

文献［25］介绍了欧洲在危险货物道路运输车辆隧道通行风险评估问题中使用的OEEI（Research program Economical Effects Infrastructure）、DARTS

（Durable and Reliable Tunnel Structures）两种风险评估模型，并基于上述模型提出一种考虑交通、经济和环境等因素的风险评估模型。模型通过既有文献的一个隧道案例，计算了该隧道发生严重事故的概率和经济损失。

三、危险货物道路运输车辆通行风险评估方法及案例

以广东某隧道为例，介绍危险货物道路运输车辆通行风险评估方法。

1. 隧道交通量预测分析

在单位时间内，车辆、行人通过道路的某点或某断面的数量即是所谓的交通量；交通量预测是根据交通调查资料和交通发展规律，结合交通流量分析和交通诱导分析等，预测出该地点、线路或地区等未来的交通量，其目标是获得短期时间内的交通量。随着基础理论和研究方法的改进，交通量预测方法发展至今已达300多种。

本案例采用时间序列预测法作为研究交通量预测的方法，交通量时间序列预测法是将车辆、行人作为研究对象，按照时间先后顺序将研究对象排列，从中找出对象的变化规律，对当前交通流量数据进行收集整理，预测下一个时间该区域的交通流量变化趋势，并构建应用数学模型描述交通流量变化规律以及进行交通流量预测。交通量的时间序列预测法反映了交通量的趋势、周期性和随机性变化，认为交通量发展是连续的且发展一直与历史的交通量有着紧密关联，同时，针对偶然因素影响产生的交通量的随机性，对历史交通流量数据资料收集整理，剔除问题较大的数据，深入挖掘和分析保存的有效交通流量数据，从而预测未来该区域交通流量发展趋势。时间序列预测法能够充分运用原时间序列的各项数据。

以石油天然气、化工产品及日用工业品等为例，分析危险货物道路运输车辆计算过程。

$$\begin{matrix}\text{日高峰小时}\\\text{货车交通量}\end{matrix}=\text{交通量}\times\left(\begin{matrix}\text{小型}\\\text{货车比例}\end{matrix}+\begin{matrix}\text{中型}\\\text{货车比例}\end{matrix}+\begin{matrix}\text{大型}\\\text{货车比例}\end{matrix}\right)\times\text{方向系数}\times 0.12 \quad (3\text{-}1)$$

$$日货车空车数=日货车交通量\times货车空车率 \tag{3-2}$$

$$日载货车数=日货车交通量\times(1-货车空车率) \tag{3-3}$$

$$\begin{array}{c}危险货物道路\\运输车辆数\end{array}=日载货车数\times\left(\frac{\begin{array}{c}石油天然气\\运输车比例\end{array}+\begin{array}{c}化工产品\\运输车比例\end{array}+日用工业品轻工产品运输车比例}{3}\right) \tag{3-4}$$

具体参数：

货车空车率=2.5%；

石油天然气运输车比例=1.5%；

化工产品运输车比例=2.1%；

日用工业品轻工产品运输车比例=6.0%；

交通量方向系数=0.65。

根据以上计算公式，预测某隧道通行的危险货物道路运输车辆数见表3-3。

全天交通量计算表 表3-3

特征年（年）	2022	2027	2032	2037	2042	2047	2052
危险货物道路运输车辆数（辆）	483	561	679	901	1094	1203	1357

2. 风险识别

隧道通行危险货物时易产生以下主要风险事件或风险事故。

1）爆炸

（1）极大爆炸（Hot BLEVE），相当于1整车LPG着火造成的爆炸，造成严重的人员伤亡和隧道结构损坏。

（2）大爆炸（Cold BLEVE），相当于1整车非易燃压缩气体受热爆炸，造成个别人员伤亡和一定的隧道结构损坏。

2）火灾

（1）大火，相当于一个易燃液体（如汽油）罐车泄漏着火造成的危害。

（2）一般着火。

容易造成以上两类危险性的危险货物及其包装和数量具体如下。

（1）具有极大爆炸危险的危险货物。

第1类：配装组A和L；

第3类：分类代码D（UN1204、2059、3064、3343、3357和3379）；

4.1项：分类代码D和DT；以及自反应物质，B型；

5.2项：有机过氧化物，B型。

①每个运输单元中爆炸物净质量超过1000kg时有如下货物。

第1类：1.1项，1.2项和1.5项（除配装组A和L外）。

②使用罐车运输时有如下货物。

第2类：分类代码F，TF和TFC；

4.2项：Ⅰ类包装；

4.3项：Ⅰ类包装；

5.1项：Ⅰ类包装；

6.1项：UN 1510。

（2）具有大爆炸危险的危险货物。

第1类：1.1项，1.2项和1.5项（除配装组A和L外），以及1.3项（配装组H和J）；

第7类：UN 2977和2978。

当每个运输单元中爆炸物净质量超过5000kg时有第1类：1.3项（配装组C和G）。

（3）具有大量毒性物质泄漏危险的危险货物。

当使用罐车运输时有如下货物。

第2类：分类代码2A，2O，3A和3O，以及仅包括字母“T”或字母“TC、TO和TOC组”的分类代码；

第3类：分类代码FC，FT1，FT2和FTC的Ⅰ类包装；

6.1项：Ⅰ类包装，除了UN 1510外；

第8类：分类代码CT1，CFT和COT的Ⅰ类包装。

（4）具有大火危险的危险货物。

第1类：1.3项（配装组C和G）；

第2类：分类代码F，FC，T，TF，TC，TO，TFC和TOC；

4.1项：自反应物质，C，D，E和F型；以及UN 2956、3241、3242和3251；

5.2项：有机过氧化物，C，D，E和F型；

6.1项：分类代码TF1，TFC和TFW的Ⅰ类包装；

第8类：分类代码CT1，CFT和COT的Ⅰ类包装和UN 3507；

第9类：分类代码M9和M10。

（5）使用罐车或散装运输时的危险货物。

第3类；

4.2项：Ⅱ类包装；

4.3项：Ⅱ类包装；

6.1项：Ⅱ类包装；依据分类代码TF2的Ⅲ类包装；

第8类：分类代码CF1、CFT 和 CW1的Ⅰ类包装；以及分类代码CF1和CFT的Ⅱ类包装；

第9类：分类代码M2和M3。

从以上分析可知，第3类易燃液体和第2类气体中大多数危险货物都具有易发生爆炸和火灾事故的风险特性，第8类危险货物具有易发生有毒物气体泄漏和大型火灾事故的风险特性。

这些事故可能造成的隧道事故主要后果为：隧道人员伤亡、交通中断、隧道水淹、隧道结构失稳、隧道防水失效、隧道结构耐久性损坏等。同时，由于危险货物的特殊性，往往容易导致次生事故的发生。

3. 风险评价

1）长大隧道风险等级确定

风险接受准则标志在规定时间内或系统的某一行为阶段内可接受的风险

等级，是判断风险大小的标准。风险接收准则应是根据评估对象的实际情况预先给定的。

在制定风险接受准则时，需要考虑危险货物道路运输车辆通行事故引起的人员伤亡、经济损失、环境破坏、隧道结构破坏等风险因素。不同等级风险须采用不同的风险控制措施，结合风险评价矩阵，不同等级风险的接收准则见表3-4。

风险水平接收准则 表3-4

风险等级	定　义
Ⅰ（0~10）	低风险，风险可以接受，当前事故控制措施有效
Ⅱ（10~20）	中风险，风险水平有条件接受，须进一步实施预防措施，加强隧道安全管理
Ⅲ（20~30）	高风险，风险水平有条件接收，部分危险货物运输应禁止，对于可通行的危险货物应实施有效的控制措施
Ⅳ（＞30）	极高风险，禁止危险货物道路运输车辆通行

危险货物隧道运输风险等级应根据风险发生概率等级和风险损失等级共同确定。

（1）风险发生概率等级与判断标准。

危险货物隧道运输风险发生概率等级分为1、2、3、4、5级。各等级判断标准见表3-5。

风险发生概率等级判断标准 表3-5

等　级	定量判断标准（P_f）	定性判断标准
1	$P_f < 0.0003$	几乎不可能发生
2	$0.0003 < P_f < 0.003$	很少发生
3	$0.003 < P_f < 0.03$	偶然发生
4	$0.03 < P_f < 0.3$	可能发生
5	$P_f \geqslant 0.3$	频繁发生

（2）风险损失等级与判断标准。

①人员伤亡等级判断标准。

根据国务院《生产安全事故报告和调查处理条例》和《企业职工伤亡事故分类标准》（GB 6441），人员伤亡等级判断标准见表3-6。

人员伤亡等级判断标准　表3-6

等　级	判断标准
1	重伤人数5人以下
2	3人以下死亡（含失踪）或5人以上10人以下重伤
3	3人以上10人以下人员死亡（含失踪）或10人以上50人以下重伤
4	10人以上30人以下人员死亡（含失踪）或50人以上100人以下重伤
5	30人以上人员死亡（含失踪）或100人以上重伤

②经济损失判定标准。

对于隧道危险货物道路运输车辆通行事故，经济损失除交通事故、车辆泄漏等造成的车辆以及货物损失以外，还包括隧道损坏造成的经济损失。国务院2007年发布的《生产安全事故报告和调查处理条例》中对经济损失等级进行了定义。本书采用的经济损失等级判断标准见表3-7。

经济损失等级判断标准　表3-7

等　级	判断标准
1	经济损失500万元以下
2	经济损失500万元以上1000万元以下
3	经济损失1000万元以上5000万元以下
4	经济损失5000万元以上10000万元以下
5	经济损失10000万元以上

③环境破坏的判断标准。

参考《建设项目环境保护管理条例》和《中华人民共和国环境影响评价法》，本书采用的环境破坏等级判断标准见表3-8。

环境破坏等级判断标准　　表3-8

等　级	判断标准
1	涉及范围很小，无群体性影响，需紧急转移安置人数50人以下
2	涉及范围很小，一般群体性影响，需紧急转移安置人数50人以上100人以下
3	涉及范围大，区域正常经济、社会活动受影响，需紧急转移安置人数100人以上500人以下
4	涉及范围很大，区域生态功能部分丧失，需紧急转移安置人数500人以上1000人以下
5	涉及范围非常大，区域内周边生态功能严重丧失，需紧急转移安置人数1000人以上，正常经济、社会活动受到严重影响

风险等级判定标准根据具体评估对象具有差异性，1次死亡5人的事故与5次死亡1人的事故，产生的后果从理性上讲是相同的。但是一般来说，公众对于一次重大的人员伤亡事故反应往往要大得多，相对于发生概率小但后果严重的事故，人们更容易接收发生概率较大但后果较小的事故。因此，本书采用权重方法来体现社会接受程序，通过专家咨询法，确定不同损失等级权重值。

④风险损失判断标准。

风险损失等级分为1、2、3、4、5级。从人员伤亡、经济损失、环境损失三个方面判断风险损失等级，按人员伤亡等级、经济损失等级及环境影响等级因素确定。同时，考虑风险损失接受程度差异，设置了不同损失等级权重，其取值综合国内外相关风险评估标准和专家调查结果确定，风险损失判断标准见表3-9。

风险损失判断标准　　表3-9

等级	人员伤亡判断标准	经济损失判断标准	环境破坏判断标准	权重
1	重伤人数5人以下	经济损失500万元以下	涉及范围很小，无群体性影响，需紧急转移安置人数50人以下	0.8
2	3人以下死亡（含失踪）或5人以上10人以下重伤	经济损失500万元以上1000万元以下	涉及范围很小，一般群体性影响，需紧急转移安置人数50人以上100人以下	0.9

续上表

等级	人员伤亡判断标准	经济损失判断标准	环境破坏判断标准	权重
3	3人以上10人以下人员死亡（含失踪）或10人以上50人以下重伤	经济损失1000万元以上5000万元以下	涉及范围大，区域正常经济、社会活动受影响，需紧急转移安置人数100人以上500人以下	1
4	10人以上30人以下人员死亡（含失踪）或50人以上100人以下重伤	经济损失5000万元以上10000万元以下	涉及范围很大，区域生态功能部分丧失，需紧急转移安置人数500人以上1000人以下	1.1
5	30人以上人员死亡（含失踪）或100人以上重伤	经济损失10000万元以上	涉及范围非常大，区域内周边生态功能严重丧失，需紧急转移安置人数1000人以上，正常经济、社会活动受到严重影响	1.2

风险损失判断等级/损失大小分值由人员损失（R_1）、经济损失（R_2）、社会影响（R_3）三个方面的分值通过取和即Σ（$R_1 \times W_1$，$R_2 \times W_2$，$R_3 \times W_3$）的形式获得。

⑤风险等级量化分值确定。

风险等级按照每一项风险的分数排序，风险值由以下公式计算得出：

$$风险值 = \sum_{i=1}^{n} R_i \times W_i \tag{3-5}$$

式中：R_i——风险损失判断等级；

W_i——各风险等级权重；

n——取1~3。

2）长大隧道风险等级判定

对于采用沉管法的长大隧道，危险货物道路运输发生的风险事件主要为爆炸和火灾。风险评估主要结论如下：

（1）通过对国内外相关资料的调研和分析，本书在对通行车辆类型不加限制的情况下，隧道火灾的热释放速率峰值最高达到200MW，人员安全疏散时间不能满足要求，同时对结构损伤、投资影响极大。建议对载有易燃、易爆物品的车辆与载重超过10t且货物为可燃物的重型货车进行限制通行。

（2）危险货物道路运输导致的爆炸事故率为2.670^{-4}次/每年，属于小概率事件，但是由于危险货物道路运输往往数以吨计，其TNT当量也以吨计，通过计算分析发现，危险货物爆炸将对隧道结构产生严重破坏，如果发生渗水甚至涌水，后果极其严重，是不能接受的，此时的隧道风险等级评估为Ⅳ级；不运输危险货物时其风险等级为Ⅲ级。

风险评估分析表见表3-10。

风险评估分析表 表3-10

序号	风险事件	风险发生概率等级	风险损失等级			风险等级
			人员伤亡	经济损失	环境影响	
1	爆炸	3	5	5	5	Ⅳ
2	火灾	3	2	4	3	Ⅲ
3	结构稳定性、耐久性	3	3	2	2	Ⅲ

根据表3-10可知，隧道发生爆炸的风险等级为Ⅳ级。可知，长大隧道危险货物道路运输车辆通行风险为最高级，应禁止危险货物道路运输车辆通行。

第四章 04

CHAPTER

危险货物道路运输车辆长大隧道通行安全管控框架

第一节　危险货物道路运输车辆长大隧道通行安全管控框架

危险货物道路运输车辆长大隧道通行安全管理机制包括谁来管理（管理主体）、管理谁（管理对象）、如何管理（管理方法）三个方面。本节在明确管理主体和职责的基础上，结合我国危险货物道路运输管理实际，分别从危险化学品生产企业、危险货物道路运输企业、公路运营管理机构和政府管理部门四个方面（图4-1），提出危险货物道路运输通过长大隧道的安全管理方案，构建危险货物道路运输车辆长大隧道运输安全管理机制。

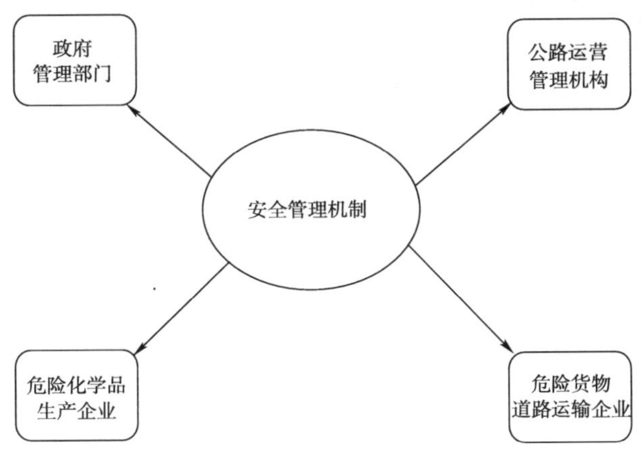

图4-1　安全管理机制框架图

第二节　危险化学品生产企业安全管理

托运人是指将危险货物交付给承运人进行运输的企业或者单位。托运是危险货物道路运输活动的源头，加强托运环节管理对于保障危险货物道路运输安全至关重要。根据《危险货物道路运输安全管理办法》的规定，危险化学品生产企业作为托运人主要应在以下四个方面做好安全管理。

一、明确危险货物分类

危险货物正确分类，是危险货物安全运输的起点，是选择正确的运输包装、粘贴准确的标记标志、选择具备相应专业能力承运人的重要依据。因此，危险化学品生产企业应当按照《危险货物道路运输安全管理办法》要求，以《危险货物道路运输规则　第2部分：分类》（JT/T 617.2）、《危险货物道路运输规则　第3部分：品名及运输要求索引》（JT/T 617.3）等标准规范为依据，正确界定危险货物的类别、项别、品名、联合国编号等信息。如果危险化学品生产企业要托运危险性质不明的危险货物，应当向承运人提供符合要求的危险特性鉴定技术报告。托运危险货物还应当遵守《危险货物道路运输规则　第3部分：品名及运输要求索引》（JT/T 617.3）中特殊规定的要求，需要添加抑制剂或者稳定剂的应当按照规定添加，并告知承运人相关注意事项。

二、对运输包装严格把关

危险货物包装是确保危险货物道路运输安全的重要保障，如果选用的包装不符合标准规范，或与装载的货物会发生化学反应，在运输过程遇到冲击、碰撞等特殊情况很容易发生事故。例如，2017年，张石高速公路浮图峪5号隧道“5·23”重大危险化学品运输车辆燃爆事故，其中重要原因之一是托运人使用了不符合标准规范、超规格的吨袋包装运输氯酸钠。因此，托运人应按照《危险货物道路运输安全管理办法》要求，以《危险货物道路运输规则　第4部分：运输包装使用要求》（JT/T 617.4）等标准规范为指导，选择符合标准规范要求并检测合格的危险货物运输包装，并妥善包装危险货物，还应按照《危险货物道路运输规则　第5部分：托运要求》（JT/T 617.5）规定，在外包装设置相应的危险货物标志。

三、制作规范的托运清单

托运清单（图4-2）是记录并传递危险货物道路运输信息的重要载体，也是危险化学品生产企业承担责任和履行义务的重要凭证。《危险货物道路运输安全管理办法》要求危险化学品生产企业在托运危险货物时，应当向承运人提交危险货物托运清单。危险化学品生产企业作为危险货物所有者，有向承运人提供事故应急救援技术指导的义务。因此，《危险货物道路运输安全管理办法》要求危险化学品生产企业应当向承运人提供在所托运危险货物运输过程中的应急联系方式，并保持联系畅通。

托运清单

1. 托运人的名称和地址；
2. 收货人的名称和地址；
3. 装货单位的名称和地址；
4. 始发地；
5. 目得地；
6. 运输企业名称；
7. 冠以“UN”大写字母的UN编号；
8. 危险货物中文名称和描述；
9. 危险货物类别及项别；
10. 危险货物包装类别及规格；
11. 危险货物运输数量；
12. 24小时应急联系电话；
13. 危险货物安全信息，作为托运清单附录。

主要包括：危险货物危险特性、运输注意事项、急救措施、消防措施、泄漏应急处理等。

图4-2　托运清单主要信息内容

四、加强道路运输企业认定管理

下游危险货物运输企业的能力和管理水平直接关系到运输安全、服务质量。因此，危险化学品生产企业应建立严格的运输企业管理制度，建章立制，明确管理要求。主要包括企业认定制度、车辆认定制度、分级评定标准、退出机制等。其中，分级评定标准应从企业基本情况、企业日常检查情况、行业管理部门质量信誉考核等进行综合评定；基于分级评定标准建立动态淘汰制度，例如排名靠后的企业将定期退出。

第三节　危险货物道路运输企业安全管理

一、运输企业要求

除满足《道路危险货物运输管理规定》中对企业基本资质、场地、车辆等管理要求以外，企业还应在安全管理上达到更高的要求（表4-1）。

运输企业认定条件一览表　　表4-1

项　目		主要内容
基本要求	企业	具有经营范围与所托运危险货物一致的《道路运输经营许可证》；自有车辆5辆以上【运输剧毒化学品、爆炸品的，自有专用车辆（挂车除外）10辆以上】；具备满足要求的停车场地；建立满足安全运输要求的安全管理制度
	车辆	车辆安全技术等级1级；应当安装具有行驶记录功能的卫星定位装置
	人员	驾驶员、押运人员均持有与所托运危险货物相一致的从业资格证；主要负责人和安全生产管理人员安全考核合格
其他要求		安全标准化达标1级
		其他自定义要求（根据实际情况）

安全标准化考评要求和道路交通安全管理体系认证具体如下。

1. 安全标准化考评

企业安全生产标准化，是指通过建立安全生产责任制，制定安全管理制度和操作规程，排查治理隐患和监控重大危险源，建立预防机制，规范生产行为，使各生产环节符合有关安全生产法律法规和标准规范的要求，人（人员）、机（机械）、料（材料）、法（工法）、环（环境）、测（测量）处于良好的生产状态，并持续改进，不断加强企业安全生产规范化建设。

2018年交通运输部发布了《交通运输企业安全生产标准化建设基本规范》（JT/T 1180），该规范分为21个部分，其中包括第3部分危险货物道路运输企业。目前，《交通运输企业安全生产标准化建设基本规范　第3部分：道路危险货物运输企业》正在报批中。

交通运输行业已建立了评审管理体系，企业安全生产标准化管理体系初步建立，实现了安全生产标准化建设网上申报、评审受理、公告发布、证书管理等基本功能，实现了一、二、三级评审的网上申报管理。

2.《道路交通安全管理体系》（ISO 39001）认证

《道路交通安全管理体系》（ISO 39001）认证以国家标准《道路交通安全管理体系　要求及使用指南》（GB/T 39001）为基础进行评估。《道路交通安全管理体系　要求及使用指南》（GB/T 39001）是2019年10月发布的推荐性国家标准，将于2020年5月实施。该标准是由国际标准Road Traffic Safety（RTS） Management Systems—Requirements With Guidance Foruse（ISO 39001）等同转化的国家标准。ISO 39001国际标准综合了ISO成功的"管理体系"方法和在瑞典、英国、澳大利亚等国家道路交通安全管理中成功应用的"安全系统"方法，是一部汇集了当今世界道路交通安全管理最先进理念和经验的管理标准。

我国开展"道路交通安全管理体系"认证已经具有了一定的基础。ISO 39001国际标准于2012年10月发布之后，中国认证认可协会2016年发布了《道路交通安全管理体系审核员确认方案》（中认协注一〔2016〕185号），明确了道路交通安全管理体系审核员应具备的能力条件；中国合格评定国家认可委员会2018年发布了《道路交通安全管理体系审核及认证的能力要求》（CNAS-CC150），明确了道路交通安全管理体系认证机构应具备的能力条件要求。截至2019年底，我国已有11家认证机构在国家认监委备案开展了基于ISO 39001国际标准的道路交通安全管理体系认证能力建设和认证业务，经中国认证认可协会确认道路交通安全管理体系审核员有225人，已有50家企业获得了道路交通安全管理体系认证证书。

二、车辆要求

在满足《道路危险货物运输管理规定》《道路运输车辆技术管理规定》以及《危险货物运输车辆结构要求》（GB 21668）等法规、标准的基础上，为确保车辆通行桥梁的安全，需建立危险货物道路运输车辆认证标准，提高车辆相关技术标准（表4-2）。

危险货物道路运输车辆认定条件一览表　表4-2

项　目	主要内容
基本要求	车辆安全技术等级 1 级，且车辆技术状况良好
其他要求	车辆使用年限为 6 年以内
	罐体材质为不锈钢或相同强度的其他材质
	罐体外覆盖玻璃纤维保护层（双层）；罐体外包覆盖层
	配备不锈钢尾部横梁档板，后部防护装置与罐体后侧的间距为 150mm，强度符合 JT/T 1285 的要求
	配备符合《危险货物道路运输营运车辆安全技术条件》（JT/T 1285）要求的限速装置、电子稳定性控制（ESC）、空气悬架、爆胎应急安全装置、胎压监测（TPMS）、装备盘式制动器、电控制动系统（EBS）、前向碰撞预警（FCW）、车道偏离报警（LDW）、卫星定位系统车载终端等装置
	配备符合《危险货物道路运输规则　第七部分：运输条件及作业要求》（JT/T 617.7）要求的应急处置器材
	罐车应具有国家市场监管总局、交通运输部联合公告的第三方检验机构出具的罐车罐体制造检验合格证书、定期（期限为 1 年）检验合格证书（或报告）

1. 常压罐式车辆后部防护装置技术要求

（1）常压罐式车辆后部防护装置（以下简称后部防护装置）宽度应不小于后下部防护装置宽度，且不大于车辆后轴两侧车轮最外点之间的距离（不包括轮胎的变形量）。

（2）后部防护装置横向构件两端外侧边缘应符合《汽车及挂车侧面和后下部防护要求》（GB 11567）第9.4条的规定。

（3）后部防护装置应牢固固定于罐式货车的底盘或罐式半挂车的车架上，不能因罐式车辆正常使用产生的振动而松脱。

（4）后部防护装置应固定在罐式车辆的尾部，宜直接固定在罐式车辆纵梁尾部末端，并向罐式车辆左右两侧水平延伸。

（5）后部防护装置固定后，后部防护装置下端应不低于《汽车及挂车侧面和后下部防护要求》（GB 11567）所规定的后下部防护装置上端面，上端面应不低于罐式车辆纵梁上表面，防护装置上端面最高点不宜超过纵梁上表面150mm。后部防护装置的设置不应影响罐体附件的正常操作。

（6）后部防护装置应对平行于罐式车辆纵轴的作用力具有一定的阻挡能力。按要求进行试验后，后部防护装置自身及其与底盘（或车架）的连接处及罐式车辆纵梁应不发生断裂，车辆后部防护装置沿车辆纵向方向的变形量应不超过150mm。

2. 应急器材要求

（1）运输单元应配备以下装备：

①每辆车携带与最大载质量和车轮尺寸相匹配的轮挡；

②一个三角警告牌；

③眼部冲洗液（第1类和第2类除外）。

（2）每位车组人员应携带以下装备：

①反光背心；

②便携式照明设备；

③合适的防护性手套；

④眼部防护装备（如护目镜）。

（3）特定类别危险货物附加装备应包括：

①若危险货物危险标志式样为2.3项或6.1项的危险货物，为每位车组人员随车携带一个应急逃生面具，逃生面具的功能需与所装载化学品相匹配（如具备气体或粉尘过滤功能）；

②若危险货物危险标志式样为第3类、4.1项、4.3项、第8类或第9类固体或液体的危险货物，还应至少配备一把铲子（对具有第3类、4.1项、4.3项危险性的货物，铲子应防爆）；一个下水道口封堵器具，如堵漏垫、堵漏袋等。

三、从业人员要求

按照《道路危险货物运输管理规定》《危险货物道路运输安全管理办

法》《道路运输从业人员管理规定》《危险货物道路运输规则》（JT/T 617）等规定，驾驶员和押运人员需取得危险货物道路运输从业资格证。另外，还需满足以下条件：

（1）诚信考核等级为AAA级。

（2）日常教育培训考核为优秀。

四、日常管理

根据《道路危险货物运输管理规定》《危险货物道路运输安全管理办法》《危险货物道路运输企业运输事故应急预案编制要求》（JT/T 911）、《危险货物道路运输企业安全生产管理制度编写要求》（JT/T 912）、《危险货物道路运输企业安全生产责任制编写要求》（JT/T 913）、《危险货物道路运输企业安全生产档案管理技术要求》（JT/T 914）等法规标准，运输企业应建立健全的安全管理制度，至少应包括如下内容：

（1）企业主要负责人、安全管理部门负责人、专职安全管理人员安全生产责任制度。包括：主要负责人、安全管理人员姓名、任命专职安全生产管理人员文件、聘用合同、安全生产知识和管理能力考核合格情况要求等。

（2）从业人员安全生产责任制度。包括：制定依据，适用范围，实施主体及职责分工，招聘内容及要求，从业人员信息，资格证管理程序（包括申请、审核、办理和备案等），参加安全培训教育学习和安全活动记录，违法、违章、违纪情况，调离辞退的条件、标准及程序，管理档案或台账的记录，需明确的其他内容，附则（包括制定与解释、实施时间等）。

（3）安全生产监督检查制度。包括：使用范围，实施主体及其职责分工，监督检查内容、方法和时间，安全隐患清单制作要求，安全隐患处理程序，监督检查档案或台账的记录要求，需明确的其他内容。

（4）安全生产教育培训制度（包括人员岗前安全教育和定期安全教育制度）。包括：使用范围，实施主体及其职责分工，企业安全教育培训计划，安全教育培训的形式和内容，安全教育培训档案或台账的记录要求，需明确的其他内容，附则等。企业安全教育培训包括岗前安全教育培训和定期安全教育。

（5）专用车辆安全管理制度。包括：制定依据，适用范围，实施主体及职责分工，车辆选配及报废管理，车辆必备安全设施设备的配置和安装要求，车辆检查维护和审验评定，车辆技术档案或台账记录，全体检查记录，需明确的其他内容，附则。

（6）设备及停车场地安全管理制度。包括：制定依据，适用范围，实施主体及职责分工，安全设备配置的种类、数量及质量要求，专用停车场安全环境要求（包括周边警戒区划定、警示标志设置等），日常运行管理要求，管理档案或台账记录，需明确的其他内容，附则。

（7）应急救援预案管理制度。包括：评审、备案、负责人签署发布，宣传和教育，修订与更新。

（8）安全生产作业规程。

（9）安全生产考核与奖惩制度。包括：制定依据，适用范围及对象，实施主体及职责分工，安全生产考核的具体方案和内容，奖惩的类型，奖励和处罚的调减，奖惩档案或台账的记录要求（考核时间、考核对象、考核人员、考核标准及结果，奖惩措施等）。

（10）安全事故报告、统计与处理制度。包括：制定依据，适用范围，实施主体及职责分工，安全事故分类和等级划分，事故报告的基本内容，事故报告对象，现场保护和救护的基本要求，管理档案或台账记录要求，需明确的其他内容，附则。

（11）车辆起运前安全检查和出车例检制度。

（12）危险货物道路运输作业查验、记录制度。

五、建立危险货物道路运输电子运单系统

《危险货物道路运输安全管理办法》中建立了危险货物道路运输运单制度，要求运输企业按照《危险货物道路运输运输规则　第5部分：托运要求》

（JT/T 617.5）制作危险货物道路运输运单，并提交给驾驶员随车携带备查。2020年4月，交通运输部下发了《交通运输部办公厅关于加强危险货物道路运输运单管理工作的通知》，要求在2021年1月1日以前全面实现危险货物道路运输运单电子化，电子运单样例如图4-3所示。因此，危险货物道路运输企业应建立功能完善的电子运单系统，并实现与地方交通运输主管部门危险货物道路运输电子运单监管系统的对接。电子运单可实时上传。

<table>
<tr><td colspan="7">运单编号：</td></tr>
<tr><td rowspan="2">托运人</td><td>姓名</td><td></td><td rowspan="2">收货人</td><td>姓名</td><td colspan="2"></td></tr>
<tr><td>联系电话</td><td></td><td>联系电话</td><td colspan="2"></td></tr>
<tr><td rowspan="2">装货人</td><td>姓名</td><td></td><td>起运日期</td><td colspan="3"></td></tr>
<tr><td>联系电话</td><td></td><td>起运地</td><td colspan="3"></td></tr>
<tr><td>目得地</td><td></td><td></td><td></td><td></td><td>城市配送</td><td></td></tr>
<tr><td rowspan="8">承运人</td><td>单位名称</td><td></td><td>联系电话</td><td></td><td></td><td></td></tr>
<tr><td>许可证号</td><td></td><td></td><td></td><td></td><td></td></tr>
<tr><td rowspan="2">车辆信息</td><td>车辆号码（颜色）</td><td></td><td rowspan="2">挂车信息</td><td>车辆号码</td><td></td></tr>
<tr><td>道路运输证号</td><td></td><td>道路运输证号</td><td></td></tr>
<tr><td>罐体信息</td><td>罐体编号</td><td></td><td>罐体容积</td><td></td><td></td></tr>
<tr><td rowspan="3">驾驶员</td><td>姓名</td><td></td><td rowspan="3">押运人</td><td>姓名</td><td></td></tr>
<tr><td>从业资格证</td><td></td><td>从业资格证</td><td></td></tr>
<tr><td>联系电话</td><td></td><td>联系电话</td><td></td></tr>
<tr><td>货物信息</td><td colspan="6">包括序号、UN 开头的联合国编号、危险货物运输名称、类别及项别、包装类别、包装规格、单位、数量等内容，每项内容用逗号隔开</td></tr>
<tr><td>备注</td><td colspan="3"></td><td colspan="3">（电子运单二维码）</td></tr>
<tr><td colspan="4">调度人：</td><td colspan="3">调度日期：</td></tr>
</table>

图4-3　电子运单样例

1. 危险货物道路运输企业电子运单管理子系统

该系统主要面向危险货物道路运输企业，实现危险货物信息管理、车辆人员基本信息管理、运输任务管理、车辆调度管理、安全检查管理、运单派发管理、运单信息查询、企业日常管理等功能。

2. 驾驶员手机APP

该APP主要面向驾驶员，实现驾驶员随车任务申请，电子运单派发、变更运单状态、运单查询，应急知识库查询，行车日志管理，消息通知等功能。系统基于安卓智能手机架构，运行于驾驶员配置的专用设备或者手机上。

第四节　公路运营管理机构安全管理

公路运营管理机构作为以包括隧道在内的高速公路为管理对象的综合管理专门机构，对危险货物道路运输车辆隧道通行安全管理具有重要作用和独特优势。公路运营管理机构应建立健全相关管理制度，加强信息化监管手段的应用，充分发挥公路运营管理机构综合管理的作用和优势，实施有效把控，这是危险货物道路运输车辆隧道通行安全管理的关键。

一、制度规范

公路运营管理机构作为对公路隧道通行车辆进行管控的主体，为了有效管理通行公路隧道的危险货物道路运输车辆，需要进一步建章立制，有效落实各种管控措施，确保管控措施有实效。在相关法律法规制度规定基础上，针对危险货物道路运输车辆通行安全，以及整段高速公路交通运行安全管理，建议从以下方面进行强化。

（1）明确公路运营管理机构在交通运行安全管理中的“综合协调和监管”职责。

（2）增加对危险化学品生产企业和危险货物道路运输企业的运营安全管

理要求。要求危险化学品生产企业明确安全管理职责，确保危险货物道路运输企业准入标准，加强对危险货物道路运输企业运输安全管理能力的评价、认定；要求危险货物道路运输企业加强安全管理，依据相关法律法规要求，建立健全安全管理体系。

（3）建议公路运营管理机构参照国家标准《道路交通安全管理体系　要求及使用指南》（GB/T 39001）的要求，建立道路交通安全管理体系，进一步强化与道路交通安全有关的管理能力。

（4）建议明确相关部门、企事业单位对危险货物道路运输运行过程安全监管的数据共享、上报机制，为风险监测与应急协调平台建设奠定制度基础。

二、信息管控系统

为加强实际车辆通行过程中的安全管控，能够事前及时发现安全风险，及时预防并有效管控，可通过与公安机关、交通运输管理部门相关系统互联，建立危险货物道路运输车辆隧道通行安全预警系统和危险货物道路运输事故应急救援系统。

1）危险货物道路运输车辆隧道通行安全预警系统

本系统与地方道路运政管理信息系统、重点营运车辆联网联控系统、危险货物道路运输电子运单行业监管系统、高速公路路网监控系统、综合执法系统等进行对接，通过对危险货物道路运输车辆卫星定位监控、电子运单、路网视频监控等数据的综合比对，对危险货物道路运输车辆通行高速公路进行智能化监测，并对安全隐患及时进行预警。主要对危险货物类别、重量，运输起始地、目的地、行驶路线，车辆驾驶员、押运人员从业资质信息，货物危险性等实现智能化监测分析，并对所运输危险货物为Ⅴ级风险的车辆以及没有电子运单信息、没有定位监控信息等情况进行预警提醒。

危险货物道路运输车辆隧道通行安全预警系统与相关系统关系图如图4-4所示。

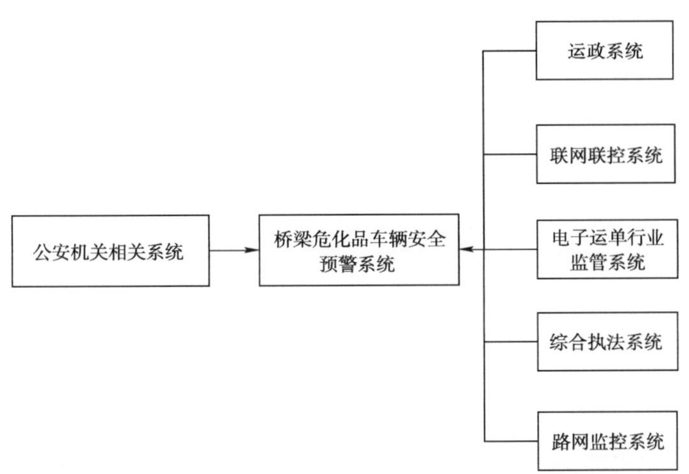

图4-4　危险货物道路运输车辆隧道通行安全预警系统与相关系统关系图

该系统主要功能具体如下：

（1）车辆跟踪服务功能。实现运输车辆在通行路段的实施动态监控，增加运输过程的透明化程度。利用车辆卫星定位信息，对通行长大隧道的车辆进行运行动态信息跟踪采集，使公路运营管理中心可以动态掌控车辆的运行情况。

（2）智能监测分析。实现对危险货物类别、重量，运输起始地、目的地、行驶路线，车辆驾驶员、押运人员从业资质信息，货物危险性、货物对应的应急处置措施等的监测分析比对。

（3）安全风险预警。当安全风险监测的相关信息出现异常情况时，系统根据监测参数进行自动判定，将异常状态和报警事件推送到管理中心和运输企业，并且进行主动报警提醒。

（4）预警信息“一张图”动态显示。基于GIS地图系统，主要实现安全预警信息“一张图”可视化展示。展示按预警信息登记显示不同颜色，且查看每个预警信息时，可关联查看具体信息。

（5）信息服务。高速公路桥梁和匝道等重点路段设置可变情报板，提醒危险货物道路运输车辆驾驶员减速并谨慎驾驶，减少交通事故发生的可能性；通过手机APP，为危险货物道路运输车辆驾驶员提供当前道路拥堵信息、路段封闭信息以及重点路段的绕行路线信息，协助其做好行驶路径的规划；在事故发生时，通过微信、电话向应急部门提供涉事危险货物道路运输车辆及货物信息，以便提前采取有针对性的救援措施，降低事故损失。通过危险货物名称，可与危险货物道路运输应急处置知识库相应应急信息关联，实现相关信息的实时查询。

（6）相关系统接入平台。实现与相关系统的接入互联。主要功能包含平台链路管理、相关数据传输、车辆监控、电子运单查询、执法信息查询等。

2）危险货物道路运输事故应急救援系统

根据危险货物的运单信息，统计高速公路各类危险货物的运输量，有针对性地完善应急预案、建立专家库、优化配置应急装备设施。通过电子监控实现对发生事故的实时报警，并可将事故信息同步上传给政府部门应急指挥系统。

三、加强隧道配套设施配备

为确保维护运输车通行隧道的安全，还需完善交通安全设施设计，配备完善的监控、通信、电力、通风、消防、救援、照明等机电设施设备，运营期加强危险货物道路运输车辆的通行管控，为广大人民出行提供舒适、安全、快捷的服务。

但是，针对长大隧道，为了避免漏查危险货物道路运输车辆或非法营运车辆驶入隧道，隧道一般应完善基础应急设施设备，特别是特殊设备来提高通行安全性，确保事故发生时可减少事故风险和降低事故可能造成的后果，同时为用户提供足够的舒适度。

1. 通信和报警系统

对于隧道管理部门来说，能够及时与隧道内通行人员进行通信是非常重要的。应确保在所有运营情况下（正常、降级或紧急），管理中心可以和隧道内人员进行双向通信。通信和报警系统包括以下设备：

1）报警按钮

紧急事故发生时，为了以防来不及拨打应急电话，应同时安装报警按钮。报警按钮操作简单，只需按动按钮，系统就会将警报信号发送给隧道应急指挥中心。报警按钮不是很昂贵，可以考虑安装多一些，间隔不易过大。该设备的缺点是不能实现隧道内人员与应急指挥中心的双向通信，功能也与应急电话重复，只作为辅助应急设备。

2）自动警报应急系统

为应对突发事故，长大隧道内除安装应急电话和报警按钮等设备之外，也应配备灭火器，设置隧道紧急出口和应急通道。

用户在使用这些设备时，应尽可能早地通知给隧道相关管理人员以便隧道应急控制中心采取适当的行动。但有些情况下，应急控制中心接收信号过程中，信号会中途终止，这时，需要重新设置程序，以便应急控制中心能够立即接到紧急呼叫。

在存在灭火器和紧急出口的情况下，应安装有传感器以便检测状态的改变，并将状态信息通过设备监控和数据采集系统传给应急控制中心。当隧道内人员请求救援帮助时，管理人员可及时被通知。

对于灭火器，应监测的信息主要有从其支撑物取下设备或打开躲藏地的门等。对于紧急出口，应监测的信息主要有打开紧急出口的门或人是否在紧急出口中出现，或两类信息都有。

3）自动事故检测系统

一般隧道内应安装视频监控系统，隧道内部及其附近的图像可在应急指挥中心中显示并实时进行监控。但这种设备需要配置较多人员，进行24小时不间断监视。人员一旦离岗，很容易错漏隧道内突发事故。因此，建议长大隧道安装隧道自动监测系统监控隧道内事故，提高长大隧道的安全管控能力。国外一些国家，在一些特定的隧道强制性地使用自动监测设备。

（1）自动事故检测的类型与功能。

自动事故检测（AID）一般通过对安装在隧道内用来查看交通流量的摄像头产生的视频图像流进行分析，判断是否有异常事件。主要监测异常事件有：

①车辆停止；

②车辆向错误方向移动；

③速度下降；

④车行缓慢；

⑤隧道中的碎片；

⑥有烟；

⑦有火焰；

⑧有人进入限制区。

由于严重车辆火灾事故通常发生在交通停止后（如在事故发生后），自动事故检测（AID）系统中也对停止车辆及时进行报警，也可以先于其他系统报警，比如：温度探测器和烟雾探测器。由自动事故检测（AID）系统提供的早期预警可以为隧道管理中心提供充足的时间来确认事故的性质和地点，并采取有效的措施，如选择最佳的通风结构，通过某些措施预防次生事故的发生，迅速警告事故上游的驾驶员。事故自动监测系统的有效应用，也给相关人员提供了充足的时间采取呼叫应急控制中心、关闭入口、安放可变信息标志和播放广播、呼叫故障卡车、疏导车辆退出隧道等应急措施。

视频自动事故监测系统可以提供实时交通流量、通行量和通行速度等信息，也可以记录事故源图像、与其他系统（如设备监控和数据采集系统）相互协作。视频自动事故监测系统通常包括摄像头、能够处理一个或几个摄像头的视频图像处理系统、能够返回图像给监控器或计算机显示器互联网协议（IP）的视频编码器和解码器。此外，一个视频管理系统还包括一个或两个冗余服务器提供视频和其他功能（如视频质量记录和自动监测事故，采集和存储实时交通数据和交通事件，与隧道SCADA系统互联等），以及网络设备和通信线路（如光纤、同轴电缆和非屏蔽双绞线电缆）。

（2）自动事故检测系统设计与调试。

隧道自动事故检测系统的设计应考虑以下问题：

①选择要被监测的事件；

②监测精度（即“错误”检测事件的最小化）；

③误报最小化（即“误报”最小化）；

④隧道的几何特征；

⑤维护人员的维护频率；

⑥入口附近的光照强度；

⑦入口附近的光照活动；

⑧由隧道内车辆通行引起的变化（由大车引起的灯光、堵塞等）；

⑨在隧道内照明变化（灯光打开/关闭）；

⑩隧道内的反光情况；

⑪根据自动事故检测系统互联网协议视频流，应确保互联网协议网络有足够的可用带宽。

通常情况下，摄像机应被设计为视野可重叠，这样可确保任一摄像头故障时，可以通过邻近的摄像头查看相关图像。摄像头安装位置可以从30~150m不等。自动事故检测（AID）性能在很大程度上取决于部署的成功调试和校准。

4）火灾/烟雾探测器

火灾/烟雾探测器通常是由传感器、警报触发设备、传输电缆、评估组件等组成的控制回路，统称为火灾/烟雾报警系统。

在隧道中火灾/烟雾报警系统设计被用来尽可能快地监测火灾和烟雾，这样可使安全设备和程序没有延迟地被激活。安装火灾/烟雾探测器的主要目标是：

（1）尽早通知隧道内人员以便他们能够组织疏散和自救。

（2）将隧道运营情况及时通知隧道管理人员，以便隧道管理人员根据应急程序改变正在发生的隧道运营情况（交通管制和通风系统），并通知救援服务机构、医护人员、消防队、公安等相关部门和人员。

（3）确定火灾或事故地点，以便救援资源能够直接送到事故地点。

在设计上，隧道内火灾探测器必须能够承受以下的环境条件：空气速度高达10m/s，由于从柴油机排出的废气和轮胎与路面的磨粒磨损造成的低能见度，不断上升的、短期内的污染物［一氧化碳（CO）、二氧化碳（CO_2）、碳氢化合物和氮氧化物］浓度波动，不断变化的前照灯强度，发动机热度、汽车尾气热度、电磁干扰，以及混合车辆交通（即汽车，小型货车，重型载货汽车，公交车和槽车）带来的隧道不同程度的横截面梗阻。

另外，火灾探测系统必须有高规格的自动防故障装置，并且能够尽量准确地定位火源。同时，建议火灾探测系统具有一定程度上的智能技术，以避免错报情况的发生，降低错报率。火灾探测/报警系统的安装有一个合理的价格也是十分必要的，它应该具有较低的运营成本并且维护简单。

火灾监测的效率不仅取决于设备的类型（如温度、光束消光、电离型等），还取决于监测策略，包括传感器的数量和它们在隧道中的监测精度。目前在用的监测器主要有以下三类：

（1）基于热量和温度升高的速度来运行的探测器。在校准精良的情况下，这种类型的探测器很少发生错报，但是反应速度很慢。

（2）基于烟雾遮蔽的探测器，这种探测器能够很快地发出信号，但是受到汽车尾气影响，发生错报的情况更多。

（3）通过空气采样系统来设计公路隧道火灾/烟雾系统，比如热量的线性检测，火焰的光学检测，视频影像检测，热量和烟雾的定时检测等。在将错报率，维护、火灾探测等都考虑在内的情况下，空气采样系统在反应的时间、精确定位起火点的能力以及监督火势和路面情况的能力等方面具有非常好的性能。

5）无线电广播——公共调频广播

隧道是一个相对封闭和受限制的空间，很多时候隧道外广播的无线电波是不允许传播进来的。为了重建信号传递，安装装置，使得需要的频率能够被重新传输进来十分必要。提供以下几种服务的广播频率应该确保可被传输：

（1）提供救援服务（消防队，公安部门等）的广播。

（2）提供隧道运营人员（巡逻人员，维修人员）指挥的广播。

（3）公共调频广播。

（4）公共数字音频广播（DAB）。

（5）手机信号。

可以重新传输的频率有很多，但是考虑到成本和可行性的问题，隧道里并不是把这些频率全部覆盖了。一般情况下，我们可以接收到有关救援服务和隧道管理中心的特定频率，以及一些公共调频或公共数字音频广播（DAB）和手机运营商的频率。

当一个或多个无线电频率被传输时，应当安装允许插入预先录制的信息的设备。在需要的情况下，这些广播电台可以被中断，有关隧道的消息可以被广播来引起用户的关注，向他们传达隧道管理人员希望他们遵循的步骤指示。隧道的广播重新传输安装由以下几个必要部分组成：

（1）天线。

（2）允许从外部发送信号到隧道管理中心的发送/接收单元。

（3）允许从隧道发送信号到外部的发送/接收单元（非用于公共广播，而是应急救援等）。

（4）隧道内的辐射单元（辐射电缆或天线）。

2. 应急逃生相关设施设备

1）紧急逃生通道

紧急逃生通道为长大隧道人员逃生应急救援提供了极为安全可靠的保障。建议初步设计单位加强逃生通道设计，隧道横断面行车道间的管廊内设置纵向安全逃生通道，并每隔一定间距对两侧车道孔开设安全门，允许条件下适当增加安全门数量。

2）通风设备

隧道内的通风设备应主要有两个功能：

（1）正常运营情况下，确保隧道内有足够好的空气质量，通常通过稀释污染气体来达到此目的。

（2）在发生火灾的情况下，控制烟雾以适当的方式流动，应该能使环境对于隧道使用者和救援服务尽可能的安全。

在隧道中安装通风系统的主要目的是当事故发生后有有毒气体挥发时，可减少污染程度，因此必须在隧道设计阶段予以充分考虑。通风系统的设计要考虑隧道的长度、流量类型（双向或单向）和条件（拥塞的可能性）。

紧急情况下，特别是发生火灾时所需要的通风条件，也应该由上述的因素决定。再者，其他设备或设施、紧急出口等也应该被考虑在内。自然通风可能在某些情况下是足够的，但长度超过几百米的隧道常被要求装有机械通风装置。

应根据长大隧道的结构特点，制订通气策略。

纵向策略的原理是在隧道内使空气纵向流动，将一个燃烧车辆产生的所有烟雾推动到火苗的一侧。如果火焰的这一侧正好有人，他们可能会受到有毒气体和能见度降低的影响，所以使用这种策略对于双向和拥挤的隧道需要十分谨慎。能成功地控制烟气的最小空气流速取决于设计火力大小和隧道几何参数（斜率，横截面面积）。

横向策略利用火烟有浮力的优点，即火烟趋向于集中在隧道的上部，从而可以采用机械通风的方式把烟抽出去。该系统的设计可在隧道的下部保持新鲜的空气层（可见度高，毒性低），使得自由疏散成为可能。重要的是，要保持在火灾区域的纵向空气流尽可能低，以避免大气分层和烟雾的过度纵向传播。这种策略适用于任何隧道，但该系统的设计、建造和操作更加困难，且成本昂贵。

通风设计过程包括系统在推力和/或流率方面的最小可接受容量的计算，通风网络的设计和合适通风设备的选择。

特别是使用纵向策略时，或在涉及大量复杂的测量和通风装置的横向通风隧道中，通风网络设计方案可以简化。在正常运情况下，考虑优化通风控制以改善空气质量，对减少能源消耗是至关重要的；它是一个重要的问题，因为能源消耗是隧道建设成本的主要部分之一。

通风系统的设计还受隧道其他要素的影响。例如，在横向通风的情况下，所需要的流率可能影响挖掘环节，对建设成本是一个潜在的重要影响因素。通风也占了隧道供电需求的很大一部分。与通风有关的环境问题，除了能量消耗和相关的碳足迹外，还包括局部的浓缩污染空气从入口和堆栈排出。减少他们对隧道周围环境的影响，是良好的环保设计的关键。

隧道除了主交通空间，其他部分也可能需要通气。

3）排烟设备

应当安装独立的排烟设备。当区间隧道发生火灾时，应能背着人员疏散方向排烟，迎着人员疏散方向送新风。必要时，可采用纵向通风控制隧道中的烟雾。

3. 消防设施设备

长大隧道内消防器材的首要目标是，在对隧道通行者、应急救援人员和隧道结构产生最小影响的情况下，提供灭火的方法。

在公路隧道内对抗火灾的关键系统包括：探测、报警、无线电通信、应急电话、闭路电视、扬声器、供水和分配、固定消防、便携式灭火器和紧急通风系统。这些系统必须以一个全面综合的方式来计划、评估、设计和安装，以确保系统之间真正的兼容，使得隧道火灾安全性不会受到损害。

本节所涉及的系统与使用者（驾驶员）、长大隧道管理中心及消防人员在公路隧道内消防救援有关。这些措施包括通过消防系统（立管）、消防栓（胶管阀）来提供水，还包括公路隧道内手提式灭火器的安装。

1）供水系统

供水系统，包括给水管道、消防线或立管，必须提供给隧道内的消防供水（通过隧道内的消防栓或软管阀），同时也要给固定消防系统提供水（部分固定灭火系统）。水的来源可以是一个供水系统或一个水箱，所需的系统压力必须符合消防队的要求。

2）消防设备

（1）消防栓。消防栓（胶管阀）是在公路隧道内，消防官兵用来与消防软管连接，从而获得供水的连接点。消火栓应以固定的间隔安装在隧道内，消火栓的接口必须与当地消防队的器材兼容。

（2）手提式灭火器。手提式灭火器应以固定的间隔设置在长大隧道内，以便驾驶员和运营人员可以在消防人员到来之前，自行对抗一个中等规模的火灾。

（3）火灾自动报警系统和自动灭火系统。为防止违法营运危险货物道路运输车辆在长大隧道发生事故时，火灾规模超过50MW，应配置火灾自动报警系统和自动灭火系统等设备，确保及时扑灭火灾，保证人身安全。

4. 应急救援设备

1）电力供应系统

当长大隧道内发生事故时，极容易造成电力供应中断。因此，在隧道内必须安装应急电力供应设备和系统，为隧道在紧急情况下（停电等情况下）提供足够的功率。为了确保至少对必要的设备提供电力，电力供应系统必须满足两个基本要求：

（1）提供安全和足够的电力支撑所有设备运作。

（2）满足在所有运行情况下（正常情况、降级情况、紧急情况）的电力需求。

能否提供隧道所需的电力与安装在隧道内的设备性质和数量有关。根据所需的电能（千瓦时），电源可以提供低电压或高电压。配电系统建设原则主要包括：

（1）需要提供备用电源（如双电源、柴油发电机组等）。

（2）配应急供电设备［如不间断电源（UPS）、柴油发电机等］。在停电等情况下，为了安全该系统可对关键设备提供一段时间内的紧急电力供应。

2）应急电话

当隧道内发生事故时，相关人员可以通过应急电话与隧道应急指挥中心联系。除了语音通话，相关人员应可以通过应急电话提供其所在的精确位置，以便救援人员及时到达现场，实施援救。应在隧道和应急救援中心每隔一定间隔安装应急救援电话。

3）照明

对于大多数隧道来说，自然光的射入并不能为用户提供一个令人满意的能见度条件。因此，有必要安装人工照明来为驾驶员提供可视性和舒适性较高的环境。

就提供的功能而言，照明设备必须能实现以下要求：

（1）正常照明：无论白天和黑夜，能为驾驶员创造合适的可见性环境。

（2）备用照明：在停电的情况下，为驾驶员提供允许他们驾驶车辆离开隧道最小的可视性。

照明装置的设计应该遵从相关的标准，特别是与以下有关的标准：

（1）在行车道上的亮度和照明水平。

（2）在侧墙和柱子上的亮度和照明水平。

（3）不同运营方案下的一致性值。

（4）眩光值。

目前，有几种类型的照明设备可用，最常见的是对称照明和反流照明。根据隧道的特性和所确定的目标，照明设备可以安装在一条或多条线上，可以安装在道路上方或隧道顶部的墙壁上。

第五节　政府管理部门安全监督管理

一、制定地方法规和标准

1. 制定危险货物道路运输车辆通行隧道管理办法

关于危险货物道路运输，我国先后有十几个部委发布过法规和文件，从危险货物名称、危险货物分类和品名编号、危险货物包装标志，到运输车辆标志、安全运输规程、装卸货物的规定等都有详细明确的规定。但是，在这些法律条文中，有关危险货物道路运输通行的规定存在漏洞。

应借鉴国内相关桥梁、隧道通行的管理经验，由地方人民政府制定和发布危险货物道路运输车辆隧道通行管理办法，使其成为一个适合地方公路隧道运营管理的专门地方法规或政府规章，保证该管理办法的有效实施。

2. 制定地方标准或团体标准

为将相关技术要求制度化，便于相关部门、管理机构、企业规范化、标准化管理和操作，组织编制相关技术标准《危险货物道路运输车辆通行隧道安全技术条件》，并以团体标准或地方标准的形式发布。

二、执法检查

我国公路隧道检查执法方式主要有两种，即固定执法和流动执法。

（1）固定执法，即在进入隧道口一定距离建立固定的安全检查站，进行危险货物道路运输车辆的通行检查，例如，终南山隧道危险货物检查站、包家山危险货物检查站。

（2）流动执法，即公安交警和交通综合行政执法局相关人员定期或不定期在隧道入口一定距离对通行隧道货运车辆进行安全检查，或者结合公路隧道监控系统，当发现有违规车辆时，及时出动警力，对违规车辆进行重点检查。

三、建立通行车辆检查站

目前，国内隧道对于危险货物道路运输车辆的安全执法检查方式还处于不断完善阶段，不同隧道根据所在省（市）的管理特点，制订了不同的管理措施（表4-3）。基本都以公安牵头、交通管理部门辅助进行联合执法为主。国内主要执法检查方式如下：

（1）建立固定危险货物安全检查站（港湾式），陕西交建集团负责检查工作（以陕西省为例），由公安交警和运政路政人员进行执法处理，采用“客货”分离方式，实时对通行货车进行全面检查，例如，终南山隧道，包家山隧道。

（2）建立综合检查站，由公安牵头，交通运输管理部门配合，在对隧道通行车辆实行治安管理和交通执法的前提下，依托综合检查站对危险货物道路运输车辆进行定期或不定期检查，例如，上海长江隧道，厦门翔安隧道。

（3）公安机关交通管理部门牵头，交通运输管理部门配合，不定期对通行车辆进行随机检查，例如，南京长江隧道。

国内类似隧道危险货物道路运输车辆检查方式一览表

表4-3

隧道名称	危险货物道路运输车辆通行规定	是否建有固定危险货物检查站	检查性质	检查主体	检查对象	检查方式	检查模式
终南山隧道	禁止通行	是	危险货物检查站	陕西交建集团负责检查工作，由驻秦岭终南山隧道警察大队人员进行执法处理	货车，春节期间客货全检	客货分离，货车全检，配有检测设备	7天24小时，四班三运转模式
包家山隧道	禁止通行	是	危险货物检查站	陕西交建集团负责检查工作，设有高速公路交警执勤点	货车，春节期间客货全检	客货分离，货车全检，配有检测设备	7天24小时，四班三运转模式
厦门翔安隧道	禁止通行	否，但建有综合检查站	综合检查	公安交警和交通运输部门	中型以上客车和货车	客货不分离，抽检，以“目测”和监控系统等手段为主	公安交通两部门建立联动查处机制。规定每周二、周四固定开展联合巡查，每月不少于8次
上海长江隧道	禁止运载危险货物车辆通行	否，但建有综合检查站	综合检查	公安交警和交通运输部门	中型以上客车和货车	客货不分离，抽检	公安交警与交通管理部门定期联合执法
南京长江隧道	禁止通行	否，但依托收费卡口对车辆进行检查	综合检查	公安交警和交通运输部门	7座以上客车和货车	客货不分离，抽检，以“目测”和监控系统等手段为主	公安交警牵头，交通管理部门配合
青岛胶州湾隧道	禁止通行	否	路面稽查	公安交警和交通运输部门	7座以上客车和货车	客货不分离，抽检	公安交警牵头，交通管理部门配合
杭州湾大桥	每日零时至6时禁止通行	否，但建有超限检测站	路面稽查	公安交警和交通运输部门	7座以上客车和货车	客货不分离，抽检	公安交警牵头，交通管理部门配合
嘉绍大桥	禁止通行	否，但建有超限检测站	路面稽查	公安交警和交通运输部门	全部货车	客货不分离，抽检	公安交警牵头，交通管理部门配合
东海大桥	部分可通行	否	路面稽查	公安交警和交通运输部门		客货不分离，抽检	公安交警牵头，交通管理部门配合

四、建立联合执法监管机制

1. 推动建立交通运输部门和公安机关联合执法机制

（1）建立交通、公安部门危险货物联合执法机制，由公安交警部门和综合行政执法部门开展危险货物道路运输专用车辆联合执法。

（2）建立危险货物道路运输车辆相关信息交换与共享机制。交通、公安部门将行政执法信息相关系统互联，以便在日常执法检查中，及时将车牌号与行政执法信息比对，及时预警，以便公安交通管理部门及时查处，避免安全隐患，大大提高了执法效能。交通部门与应急管理部门建立运单信息共享机制，一旦发生事故时，可及时查询车辆装载货物信息，及时采取有效处置措施。

2. 加强事中事后监管力度

加强危险货物道路运输企业和驾驶员的信用管理，对有违规记录的车辆和人员重点进行监控，在加大对违规车辆的执法力度的同时，结合运输企业分级评定制度，对相关运输企业进行动态管理。特别是非法营运车辆，一旦发现将计入信用数据库，并共享给大桥管理中心，对这些车辆进行重点盯防。

3. 加强宣传手段应用

长大隧道管理中心及相关管理部门可通过互联网、电视、广播、宣传栏等方式对危险货物道路运输车辆禁止通行长大隧道的相关管理规定、处罚措施、事故危害等进行广泛宣传和普及，提高驾驶员对危险货物道路运输车辆长大隧道通行规定的了解，以及合规守法安全运营意识。通过大力宣传，不断提高危险货物道路运输人员的安全意识，从思想上筑牢安全防线。

可印刷一些宣传资料，例如，《危险货物道路运输车辆长大隧道通行管理办法》《广东省危险货物运输企业告知书》等，在长大隧道运营前发放给危险货物道路运输企业，使企业提前获知长大隧道通行管理规定，在制定运输路线时，提前避免通行长大隧道。

可在相关各收费站对车辆发放长大隧道行车安全指南的宣传册，对车辆进行事前提醒，对危险货物道路运输车辆提前进行分流。

第五章 CHAPTER 05

危险货物道路运输车辆长大隧道通行智能管控技术

随着北斗定位技术、5G通信、大数据分析、物联网、人工智能等现代化先进技术的发展，在不同管理主体对通行隧道的危险货物道路运输车辆加强管理的基础上，应充分利用信息化手段，整合相关业务系统，实现对通行隧道危险货物道路运输车辆的风险评估和预警。以实现可通行车辆安全通行，不可通行的危险货物道路运输车辆不能违规通行，提前对拟进入隧道的危险货物道路运输车辆进行警示，以便驾驶员事前获知通行信息后，及时选择其他通行线路，避免绕远路等问题。

第一节　政府部门相关信息系统介绍

一、全国道路运政管理信息系统

按照《交通运输部办公厅关于开展全国道路运政管理信息系统互联互通工作的通知》（交办运〔2015〕63号）和《交通运输部办公厅关于印发〈2016年新增建制村通客车等更贴近民生实事和运输服务信息化推进督办工作方案〉的通知》（交办运函〔2016〕169号）等文件要求，基本实现了全国运政系统互联互通的工作目标；建设了道路运政管理开放式基础业务平台；建设了运政执法交换系统，实现了跨省间执法数据的接收与分发；完善了部级行政许可系统，实现了跨省客运班线、国际道路运输、外商投资道路运输等的许可管理；完善了道路运输行业统计分析系统，辅助部级道路运输管理部门行业决策。

截至2018年底，完成全国道路运政管理信息系统数据清理工作，实现了31个省份级行政单位、4类（营运车辆、经营业户、从业人员、经营线路）58

项核心指标完整率、规范率、关联率均不低于99%。核心数据实现实时业务联网运行、跨省互查，建立了部、省、市、县四级联动的业务应用与协同平台，满足了业务领域内行政许可、日常监管、运政执法等管理工作要求，同时建设完善了道路运政基础数据、执法数据部省交换体系，实现了部省间运政基础数据、执法数据的交换共享。

全国道路运政管理信息系统整合的4类（营运车辆、经营业户、从业人员、经营线路）58项核心指标明细见表5-1。

全国道路运政管理信息系统核心指标 表5-1

类型序号	指标类型	核心指标数	指标明细
1	营运车辆	19	车辆营运状态代码、车牌（挂车）号牌、车辆颜色代码、道路运输证字、道路运输证号、有效期起、有效期止、经营范围代码、车辆识别VIN码、车辆类型代码、车辆（挂车）总质量、车辆准牵引总质量、车辆核定载客位、车辆燃料类型代码、发证机构、车辆长、车辆宽、车辆高、车籍地行政区域代码
2	经营业户	13	经营范围编码、经营许可证字、经营许可证号、有效期起、有效期止、经营状态编码、经营业户名称、发证机关、经济类型、核发日期、证照状态、业户地址、经营业户所在地行政区划代码
3	从业人员	9	证件类型、证件号码、从业资格类别、从业资格证号、从业资格有效期止、证照状态、发证机关、从业资格证发证日期、发证机关所在地行政区划代码
4	经营线路	17	客运班线类型代码、营运里程、客运班线营运状态代码、经营线路ID、线路标志牌号、车辆号牌、车辆颜色代码、线路标志牌类型、线路标志牌有效起始日期、线路标志牌有效截止日期、是否为农村班线、线路有效期始、线路有效期止、客运班线途经主要站点、始发客运站所在行政区划代码、讫点客运站所在行政区划代码、客运班线经营区域代码

二、重点营运车辆联网联控系统

2010年，以上海世博会公路交通和道路运输安全保障为契机，交通运输部建设了重点营运车辆（两客一危）动态信息公共交换平台工程项目。该系统实现了跨区域卫星定位数据交换，满足了上海世博会对入沪重点营运车辆的跨区域、跨部门联合监管要求。

上海世博会后，该系统在全国推广应用，建立了统一的全国重点营运车辆联网联控系统，进一步通过整合各省（市）车辆动态监控信息，实行统一的信息交换标准，实现了全国范围内重点营运车辆动态信息的跨区域、跨部门信息交换和共享。

该系统主要实现了以下成效：

（1）联网联控系统整合现有各省级道路运输监控系统资源，完成重点营运车辆各省间的信息互联互通，数据共享。一方面它实现了重点营运车辆动态信息的跨区域交换体系，使跨地区联合监管成为可能；另一方面它作为一个全开放系统，建立了数据交换通道，实现了同一地区不同政府管理部门之间的信息沟通。为多部门协同办公、应急联动等方面的应用奠定了基础。

（2）联网联控系统实现了车辆动、静态信息的有效结合。传统道路运输信息的收集均是静态数据的汇总，无法给管理者提供实时信息。通过联网联控系统可以将车辆动态位置信息、车辆运政信息以及车辆货物运输信息实时地转发给相应平台，使接收平台不但可以清晰地了解车辆的行驶轨迹，还可以对车辆的货物信息、属性信息了如指掌。

（3）实现了数据在部级层面的统一集中，可以有效掌握全国道路运输行业的总体运行情况，加强了道路运输行业监管，提升了道路运输行业信息化管理水平和决策分析能力，能为现代物流业、应急指挥系统、路网拥堵情况分析、交通经济运行分析等多个方面提供数据支撑。

（一）主要功能框架

系统主要分为三级，包括部级交换平台、省级监管平台、企业级监控平台，实现信息共享与联合监管。系统框架和体系结构如图5-1和图5-2所示。

部级交换平台负责实现跨省车辆数据交换，各省交换数据主要包括卫星定位实时数据、车辆基础数据、运政数据等。

省级监管平台以计算机系统及通信信息技术为基础，通过卫星定位技术等手段，实现对管辖范围内的车载终端和接入平台进行管理的系统平台。主要实现对上级平台的数据报送，对下级政府平台的管理，对企业级监控平台的监管和服务。

企业级监控平台为企业自建或委托第三方技术单位建设的卫星定位系统

平台，以计算机系统为基础，通过接入通信网络对服务范围内的车载终端和用户进行管理，并提供安全运营监控的系统平台，主要实现对平台中的车辆安全运营实时监控。

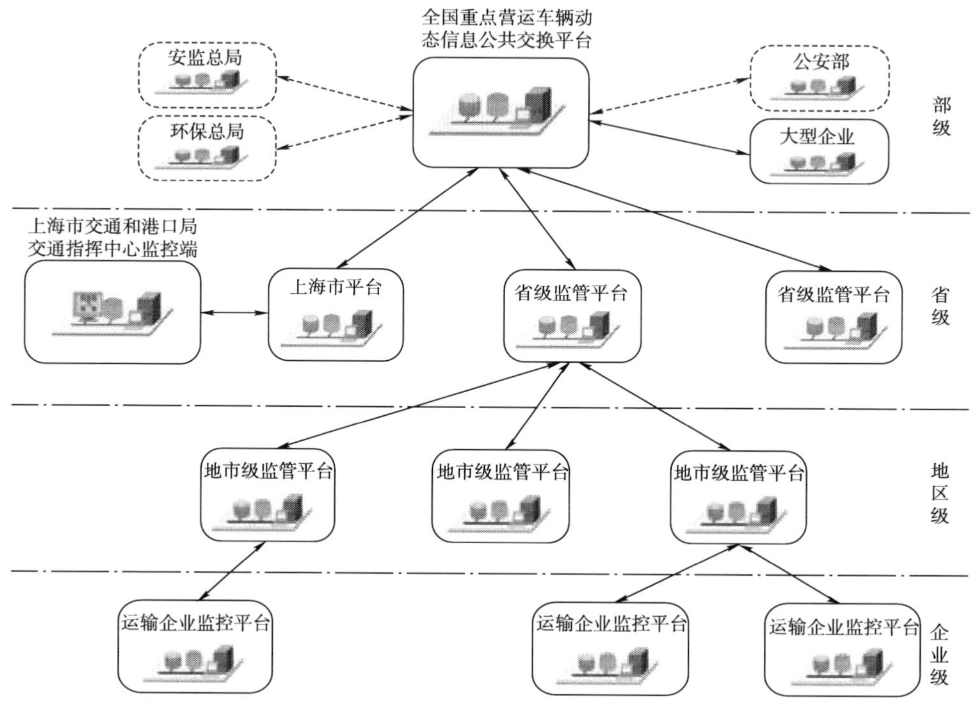

图5-1　系统架构图

（二）主要功能

重点营运车辆联网联控系统由政府监管平台（部级和省级）、企业监控平台、车载终端、计算机通信网络等组成。通过系统各组成部分之间的互联互通，实现业务管理以及数据交换和共享。

1. 部级交换平台

部级交换平台主要实现跨省车辆数据交换。

2. 省级监管平台

1）基本功能

（1）接入平台管理。

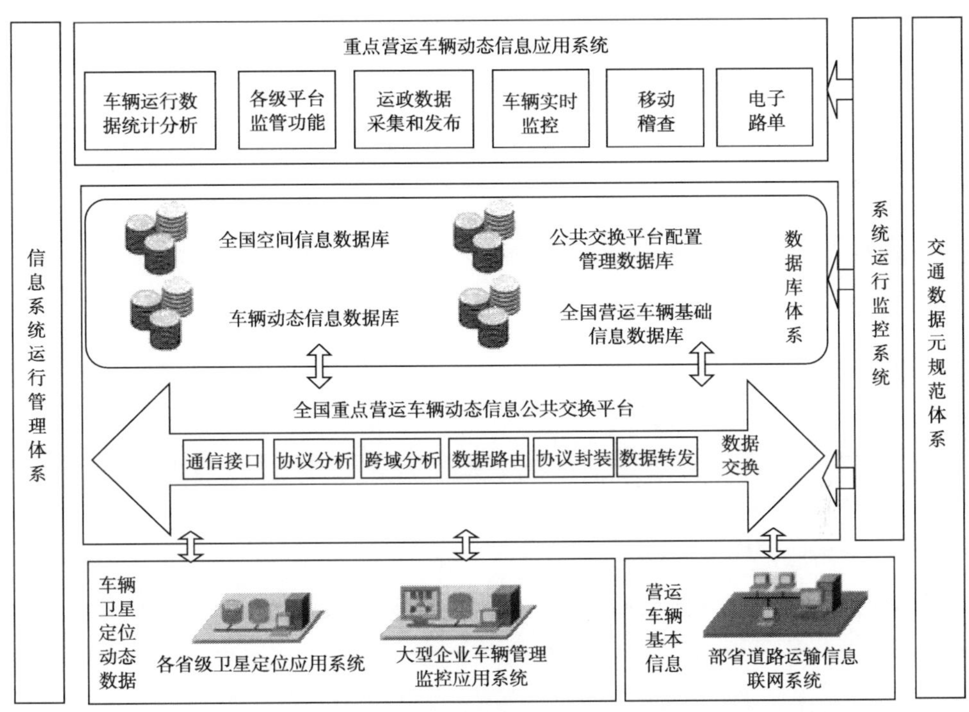

图5-2　系统体系结构图

接入平台管理应具备接入平台配置管理、信息查询和考核等功能。具体功能要求如下：

①接入平台配置管理具备接入平台参数配置、接入平台参数查询及接入平台参数统计等基本功能；

②接入平台信息查询具备平台基本情况、平台在线车辆、平台历史上线车辆、平台未上线车辆、平台运行日志和平台巡检日志等查询功能；

③接入平台考核包括平台自动查岗、平台手工查岗、平台动态数据传输情况、平台链路通断情况、平台车辆上线情况、平台车辆在线情况和动态数据传输及质量情况等，具备对接入平台按日、周、月、季和年进行考核的功能。

（2）报表导出功能。

平台中所有查询结果及统计分析结果均应支持Excel的报表导出功能。

（3）车辆数据定时下发功能。

定时向接入平台下发其上报的正常汇报车辆列表及异常车辆列表。

（4）报警。

平台应具备接收由接入平台上报的报警信息的功能，包括紧急报警、偏离路线报警、超速报警、区域报警、疲劳驾驶报警等。产生报警时，可通过声、光、图片和文字等方式提示并显示车辆动态位置信息、静态信息及其他相关信息。

（5）报警信息。

平台应具备接收接入平台上报的报警信息及对应的报警处理信息的功能。如下级监管平台或企业平台未在约定时间内上报报警处理信息，监管平台应自动向其发送报警处置请求指令。

（6）其他管理。

平台应具备与各地运政信息系统联网对接、数据交换等信息共享功能。基本资料管理应具备对接入平台的各种车辆、从业人员和运输企业等基本资料的查询管理功能。

（7）危险货物道路运输车辆/企业管理。

危险货物道路运输车辆管理应具备查询和统计功能。具体要求如下：

①危险货物道路运输车辆查询，包括在线危险货物道路运输车辆查询、上线危险货物道路运输车辆查询、跨域危险货物道路运输车辆查询、运输危险货物货种信息查询、危险货物道路运输线路查询和报警情况查询等；

②危险货物道路运输车辆统计，包括危险货物道路运输车辆在线情况统计、危险货物道路运输车辆上线情况统计、危险货物道路运输车辆跨域（不同地区监管平台间）情况统计、危险货物道路运输车辆报警情况统计和危险货物道路运输车辆分布情况统计等。

危险货物道路运输企业管理应具备查询、统计及考核管理功能。具体要求如下：

①危险货物道路运输企业查询，包括危险货物道路运输企业详细情况查询；

②危险货物道路运输企业统计，包括危险货物道路运输企业分布情况统计，危险货物道路运输企业所属车辆上线情况统计以及危险货物道路运输企业所属车辆报警情况统计等；

③危险货物道路运输企业考核，包括危险货物道路运输企业的月度、季度和年度考核。

（8）车辆动态监控管理。

车辆动态监控应至少具备以下功能：

①车辆的实时监控、单向监听等功能，多车的跟踪、报文发送和车辆拍照等功能，并支持对反馈报文、车辆行驶记录数据及照片等历史数据进行查询；

②指定车辆历史轨迹回放功能，并支持在历史轨迹点提供车辆事件的提示；

③提供指定时间段、经过指定区域的车辆信息，支持多区域、多时间段的联合查询。

（9）车辆视频监控。

平台应具备对单车或多车的视频信号监控查看功能，并应支持实时监控及历史视频数据调用查看。

（10）电子地图管理。

电子地图应具备包括漫游、放大、缩小、全图、拉框放大、拉框缩小、距离量算、打印和房前屏幕图像保存等基本功能；具备电子地图的鹰眼功能，具备标注功能、图层控制功能、量算功能、地理信息查询功能和路径分析功能，具备对电子围栏设置、行驶区域设置和行驶路线设置功能。

平台应支持车辆等动态目标、自定义设施和点、线、面叠加，支持地图显示、影像显示、影像和地图叠加显示。

2）平台接口功能

（1）与其他平台信息交换。

平台应具备与上级政府平台及接入平台之间的信息交换功能，包括车辆动态信息、静态信息和跨域信息的交换；应具备下发通知、指令信息接入平台、车载终端的功能。

（2）数据共享接口。

平台应具备标准数据共享接口，为其他政府部门提供数据共享接口服务。

3）平台管理

平台应具备用户、角色、权限和日志管理等功能；应具备报警控制参数配置功能，实现对报警的声、光提示的可控配置。

4）统计分析

实现对接入平台总数、在线平台数、平台入网车辆数、平台在线车辆数、平台车辆报警情况，以及车辆管理统计分析、企业车辆车载终端安装率等统计分析功能。

5）平台运行监控管理

实现对平台运行的监控管理。

3. 企业级监控平台

1）基本功能

（1）报表导出功能。

平台中所有查询结果及统计分析结果均需支持Excel的报表导出功能。

（2）报警和警情处理。

企业平台应支持接收由车载终端触发的报警信息，包括紧急报警、设备故障报警、偏离路线报警、区域报警、超速报警、疲劳驾驶报警、断电报警、超时停车报警和蓄电池欠压报警等。

支持由平台产生的报警，并能配置是否下发终端进行报警提示。

产生报警时，可通过声、光、图片和文字等方式提示并显示车辆动态信息、位置信息、静态信息及其他相关信息。

报警信息处理，是指企业平台应具备对终端上报的报警信息和企业平台分析产生的报警信息进行处理的功能，报警信息处理过程包括报警信息确认、报警处置、报警处理情况登记和报警信息处理状态跟踪。报警处理可依据不同报警类型进行包括车辆监听、拍照、报警解除和下发信息等的处置，通过下发信息达到提醒驾驶员的目的。

企业平台应支持将报警信息和报警处理结果信息实时传送到政府平台，并响应政府平台下发的报警处置请求指令，所有报警及报警处理信息均应记录并提供查询功能。

（3）监控功能。

①车辆监控管理，包括车辆上下线实时提醒、车辆调度、车辆监控、车辆跟踪、车辆点名、车辆查找、区域查车和车辆远程控制等功能；

②历史轨迹回放，是指企业平台应具备指定时间段内回放指定车辆历史轨迹的功能；

③定时定位车辆查询，是指企业平台应具备根据车辆的轨迹数据，查询指定时间段内经过指定区域内车辆信息的功能，并应支持多区域、多时间段的联合查询；

④车辆视频监控，是指企业平台可提供对单车或多车的视频信号实时监控及历史视频数据调用查看功能；

⑤电子地图管理，是指电子地图应具备包括漫游、放大、缩小、全图、拉框放大、拉框缩小、距离量算、打印和房前屏幕图像保存等基本功能；具备电子地图的鹰眼功能，具备标注功能、图层控制功能、量算功能、地理信息查询功能和路径分析功能，具备对电子围栏设置、行驶区域设置和行驶路线设置功能。

（4）平台接口功能。

与政府平台信息交互，是指企业平台具备与政府平台的信息交换功能，包括车辆动态信息、静态信息和跨域信息的交换。企业平台应具备接收政府平台下发通知并进行醒目显示的功能。企业平台应具备下发政府平台指令到车载终端的功能。

监控平台间连接情况，是指平台应具备监控自身与政府平台间连线功能，在掉线时应以声、光等信息提示用户，直至恢复连接。

（5）监管功能。

监管巡查，是指企业平台应能够响应政府平台下发的岗位巡检指令，并将巡检结果上报政府平台。

监管平台实时数据交换，是指企业平台收到车辆上报动态位置信息后，应立刻向政府平台实时上报车辆的位置、状态信息和报警信息，响应政府平台对车辆的拍照和监听等车辆远程控制指令，显示政府平台下发信息。

（6）统计分析功能。

统计分析功能指对车队或车辆报警、行驶里程、车辆上线率、历史轨迹有效性等信息的统计分析功能，并以文字或图表方式标识统计分析结果。

（7）管理功能。

①终端管理，是指具备终端参数配置管理、终端开户、销户、车辆停用、车辆转租和终端转车等功能。终端参数配置管理应包括IP地址配置、报警参数配置、区域设置和路线设置配置、终端固件升级等。

②基础信息管理，是指企业平台应具备SIM卡管理、终端管理、车辆管理、从业人员管理、车队管理、运输企业管理等，并提供对车辆信息的综合查询。

③预设信息管理，是指具备在电子地图上预设区域及线路并进行管理的功能。

④行驶记录管理，是指具备远程调用车辆行驶记录相关信息的功能，并能够对车辆行驶记录信息保存、查询、统计分析和打印。

⑤多媒体信息管理，是指具备对终端上传的音频、视频、图片等信息的检索上传、存储及查询等功能。

⑥平台管理，是指具备用户管理、角色管理、权限管理和日志管理和报警控制配置等功能。报警控制配置功能应实现对报警的声、光提示可控配置。

⑦平台运行监控管理，是指具备服务器状态监控功能，能监控各种服务

状态；具备平台资源监控功能，能监控各服务器资源消耗情况，可显示资源消耗情况。

2）业务功能

（1）偏离路线报警。

当车辆偏离预设的行驶路线范围超出阈值时报警，并以声、光等方式提示，提供对偏离路线报警的记录和处理。

（2）线路关键点监控。

支持对车辆行驶路径关键点时间的监控，即当车辆未按照规定时间内到达或离开指定位置时，实时以声、光等方式提示，提供对报警的记录和处理。

（3）区域报警。

企业平台应具备在平台上设定圆形或多边形的限制区域，实现车辆进出区域后报警的功能，并以声、光等方式提示，提供对报警的记录和处理。

（4）分路段限速监控。

平台能对分路段设置限速阈值，实现超速报警，并提供对超速的警告、记录和处理。

（5）疲劳驾驶报警。

当驾驶员连续驾驶时间超过阈值时报警，并以声、光等方式提示，并提供疲劳驾驶报警记录和处理。

（6）驾驶员身份识别。

对终端上传的驾驶员身份信息识别，并将驾驶员身份有效性结果信息下传到终端，完成驾驶员身份识别过程。

按照《道路运输车辆动态监督管理办法》的要求，所有危险货物道路运输车辆均安装了车载卫星定位监控终端，运输企业及各级道路运输管理部门建立了危险货物道路运输车辆动态监控平台，并建立了全国重点营运车辆联网联控系统。部级系统主要实现对各省重点营运车辆信息的汇集，并实现各省信息的交换与共享。截至2018年底，联网联控系统共接入省级平台31个，全国重点营运车辆联网联控系统入网车辆160万辆，两客一危车辆52.6万辆，其中危险品车辆15.7万辆。

三、全国危险货物道路运输安全监管系统

近几年，国务院、交通运输部非常重视信息化在危险货物道路运输安全监管中的作用。2016年11月，国务院办公厅印发了《危险化学品安全综合治理方案》（国办发〔2016〕88号），明确要求“建立全国危险化学品监管信息共享平台。依托政府数据统一共享交换平台，建立危险化学品生产（含进口）、储存、使用、经营、运输和废弃处置企业大数据库，形成政府建设管理、企业申报信息、数据共建共享、部门分工监管的综合信息平台”。

为建立危险货物道路运输环节的数据库，2017年3月20日，交通运输部印发了《交通运输部办公厅关于加强危险货物道路运输安全监管系统建设工作的通知》（交办运函〔2017〕333号），明确要求加快推进危险货物道路运输安全监管系统建设，进一步提高危险货物道路运输行业安全监管和服务能力。通过危险货物道路运输安全监管系统建设，有效解决危险货物道路运输行业监管手段落后、专业化程度低等问题，推动行业管理方式转变，实现“精准监管、专业监管”；推动行业协作模式转变，实现跨区域、跨部门业务协同联动；推动市场监管模式转变，完善事中事后监管手段，实现“企业管理、行业监管、社会监督”三者的有机统一。

（一）系统架构

交通运输部建设的全国危险货物道路运输安全监管系统为部省两级系统，系统关系如图5-3所示。部级危险货物道路运输安全监管系统包括危险货物道路运输安全监管交换共享系统、危险货物道路运输运行监测系统、危险货物道路运输管理基础知识库系统。省级危险货物道路运输安全监管系统重点建设完善数据交换共享平台、行业监督管理系统、行业信息服务系统。

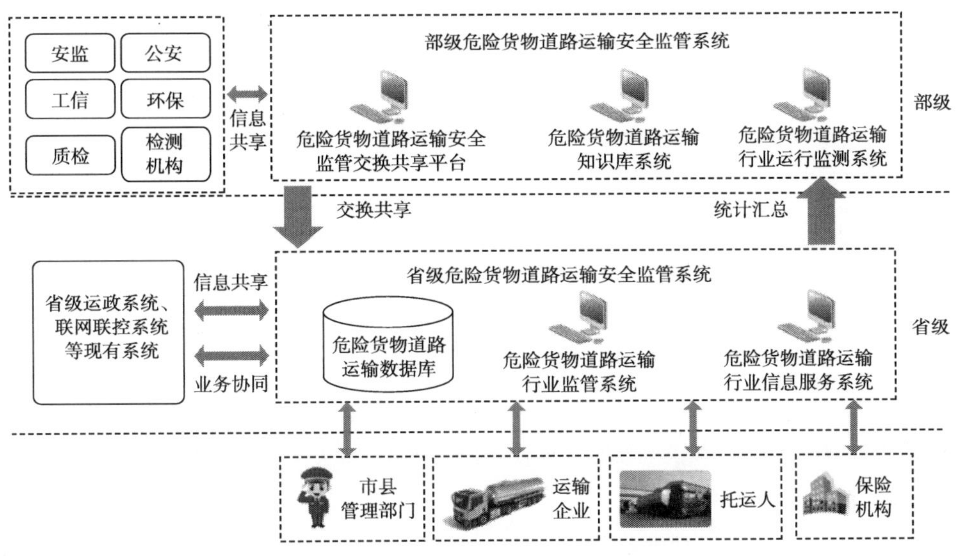

图5-3　部省两级系统关系图

（二）主要功能

1. 部级危险货物道路运输安全监管系统

1）危险货物道路运输安全监管交换共享系统

面向其他部门（如安监、公安）、第三方机构（如第三方罐体检测机构、第三方罐式集装箱检测机构等）、部级其他系统（如道路运政管理系统、重点营运车辆联网联控系统、交通运输信用信息管理系统等），建设危险货物道路运输安全监管交换共享系统，便于其进行交通运输行业从业企业及从业人员危险货物道路运输相关信息查询调用。危险货物道路运输安全监管交换共享系统主要包括三个类别，即部省交换共享系统、与部内现有系统的交换共享接口、与行业外相关单位的交换共享系统。

2）危险货物道路运输运行监测系统

实现危险货物道路运输行业状况监测，借助地理信息技术及大数据技术分析展示全国危险货物道路运输分布情况，输出可视化图表。主要实现对运输企业、从业人员、专用车辆、罐车罐体、罐式集装箱、主要运输线路等危险货物道路运输相关信息的统计分析。

3）危险货物道路运输管理基础知识库系统

实现危险货物道路运输相关危险货物的分类、包装、托运、装卸、运输、应急等专业化知识整合和管理，内部共享给危险货物道路运输管理部门使用。主要包括如下功能。

（1）危险货物道路运输法规及标准规范管理。基于交通运输部网站、标准信息网等相关系统整合现有危险货物道路运输相关法律法规、标准规范内容。

（2）危险货物信息知识库管理。整合《危险货物品名表》《危险货物国际道路运输欧洲公约》（ADR）、MSDS等资料，以及应急管理部门、危险货物分类鉴定机构等部门机构相关内容。主要信息项包括：危险货物名称、英文名称、联合国编号、类别和项别、主要危险性、次要危险性、分类代码、特殊规定、有限和例外数量要求、包装使用指南、装卸及运输指南等信息。

（3）危险货物标记标志牌管理。提供不同类别危险货物对应的包装标记标志，危险货物道路运输车辆标记标志牌信息查询功能。

（4）罐车罐体知识库管理。整合质检总局、罐体检测机构等部门机构相关内容，主要信息项包括罐体类型、罐体设计代码、罐体材料、设计要求、安全附件要求等信息。

（5）罐式集装箱知识库管理。整合罐式集装箱检测机构相关内容，实现罐式集装箱设计、生产、检验、使用等相关信息整合管理，主要信息项包括：罐式集装箱名称、集装箱类别、集装箱代码、集装箱尺寸、主体结构型式、用途及特点、性能参数、装卸货操作指南等。

（6）危险货物道路运输应急处置方法管理。整合道路危险货物运输安全卡、危险货物运输应急救援指南（ERG）等资料，以及应急管理部门、公安部门等部门机构相关内容，主要信息项包括：危险货物名称、事故潜在危害、公共安全、应急措施、防护距离、火灾处理方法、泄漏处理方法等。

（7）危险货物道路运输事故案例管理。整合现有道路运输行业行车事故统计快报、应急管理部门事故调查报告等内容，提供不同类型事故情况、事故原因、处理情况等数据项的审核、发布、查询、更新、删除等功能。

2. 省级危险货物道路运输安全监管系统

1）行业监督管理

（1）危险货物道路运输电子运单监管。主要面向市县级道路运输管理机构，实现基础信息管理、运单监测管理、动态信息对比分析、统计分析、通报通知、监管工单、系统管理等功能。在路检路查、户检户查过程中，执法人员可通过扫描运单二维码等方式，实现电子运单基本信息的读取，为监督检查提供数据支撑。

（2）现场监督检查管理。主要面向市县级道路运输管理机构，实现专项户检户查过程中，检查计划管理、现场检查、检查结果管理等功能，形成"计划—检查—整改—反馈—确认"的闭环流程，实现监管过程的规范化、痕迹化管理。该子系统也可通过省级道路运政管理信息系统的升级改造工程进行建设。其中，现场检查功能模块应包括数据录入、数据导入导出等功能。检查结果管理功能模块应包括生成整改通知书、整改结果记录等功能。

（3）运输企业安全合规量化评估。基于部统一制定的安全合规量化评估指标体系，对危险货物道路运输车辆联网联控、电子运单、执法检查等监管数据进行综合分析，建立危险货物道路运输企业、驾驶员安全合规量化评估体系，系统定期（如每个月）自动评估，为实现行业分级分类精准监管、智能监管提供有效技术手段。

（4）执法监管人员在线业务学习。采用多媒体、视频等方式将主要法规、标准内容制作为学习课件，监管人员可通过电脑、手机APP等方式在线学习、在线测试等，提升监管人员的业务能力。

2）行业信息服务

（1）危险货物道路运输企业电子运单管理。为小微危险货物道路运输企业提供网络版电子运单公共软件，主要包括运输任务调度、企业自检、运单上传、运单派发、运单状态管理、统计汇总等基础功能。

鼓励危险货物道路运输企业按照电子运单技术指南要求，结合企业管理需求，自行建设实施电子运单管理软件，并按要求将电子运单数据通过接口上传至省级危险货物道路运输安全监管系统（以下简称危货监管系统）。

（2）运单信息查询。为装货人提供运单信息查询服务，为装货人查验车辆是否具有有效危险货物道路运输证件，驾驶员及押运人员是否具有有效从业资格证件，运输车辆及罐体是否在检验合格有效期内，所充装的危险货物是否与危险货物运单载明的相一致、所充装的危险货物是否在罐体适装介质列表范围内等提供信息服务。

为公安、交通运输等执法人员提供运单信息查询服务，便于执法人员核查运输企业及驾驶员是否按规定使用运单。

运单查询应支持门户网站在线查询，或者通过手持执法终端、手机APP、微信等方式，扫描二维码联网查询运单信息。

（3）罐体检测信息查询。为运输企业、装货人、执法人员等提供罐式车辆罐体、罐式集装箱定期检验信息查询服务，具体包括检验机构、检验内容、下次检验日期等信息服务。

（4）安全合规量化评估结果信息查询。通过门户网站、手机APP、微信等方式，为托运人、运输企业、保险机构等提供运输企业安全合规量化评估等级、行业排名，以及评估方法、评估结果。

3）行业运行监测分析

（1）综合查询统计。通过多类型的综合查询方式，实现对运输企业、专用车辆、罐体、从业人员、电子运单、监督检查等业务数据的综合查询与分类统计。查询统计结果能自动生成报表。

（2）运输通道分析。视情况对本区域内危险货物道路运输途经的特大桥梁、隧道等重点路段以及主要货类等情况进行分析，识别重要监管节点，为公安交通管理部门、安全监督部门对危险化学品生产经营企业源头检查过程提供决策参考。

（3）货物流向流量分析。对本区域内危险货物道路运输的种类、数量、分布、主要目的地等进行监测分析，为行业科学决策提供参考。

4）数据交换共享

（1）部省数据交换。依托部省统一的数据共享交换平台，通过部级危货监管系统提供的数据查询接口，实现对电子运单信息、监督检查信息、全国性第三方罐体检测机构检测报告、危险货物道路运输知识库等信息的查询；依托道路运政管理信息系统，实现对全国危险货物道路运输企业、专用车辆、从业人员基本信息的查询。

基于统一标准规范和技术要求，依托部省统一的数据资源共享平台，向部级危货监管系统提供电子运单查询接口，上传电子运单历史信息、现场监督检查汇总信息，安全合规量化评估报告等。

（2）本省相关系统数据交换。依托现有省级数据中心或共享交换平台，实现与本省道路运政管理信息系统、重点营运车辆联网联控系统及其他相关业务管理系统的数据交换共享。

（3）与运输企业的数据交换。依托现有的省级数据中心或共享交换平台，对于自建业务管理系统的危险货物道路运输企业，省级危货监管系统可通过统一标准的数据接口，将通知文件、整改通知等信息交换给运输企业；通过该接口，运输企业将电子运单、从业人员登记等监管数据按要求上传至省级危货监管系统。

（4）与公安、安监等部门的数据交换。依托现有省级数据中心或共享交换平台，以服务调用接口、批量文件导入导出等方式，实现与公安、安监、质检、环保等部门的数据交换共享。

（5）与本地罐检单位等第三方机构的数据交换。依托现有省级数据中心或共享交换平台，通过服务调用接口、批量文件导入导出等方式，实现与本地区罐车罐体检验机构、罐式集装箱检验机构等第三方机构之间检验报告信息的共享。

四、危险货物道路运输电子运单管理系统

危险货物道路运输电子运单管理系统（以下简称危货电子运单系统）是

全国危货监管系统的主要核心模块（图5-4），也是落实《危险货物道路运输安全管理办法》中运单制度的具体举措。早在2015年，交通运输部就已经在北京、江苏、浙江、四川、重庆、陕西六省（市）开展危险货物道路运输电子运单管理制度试点工作。按照《交通运输部办公厅关于开展危险货物道路运输电子运单管理制度试点工作的通知》（交办运〔2014〕237号），交通运输部开发了统一版本电子运单管理软件，推荐给各试点省份免费使用。试点工作结束后，云南、山东、内蒙古、甘肃、江西、海南等省（自治区）也前后开展了电子运单试点工作。危货电子运单系统主要包括行业监管子系统和企业应用子系统，其中行业监管子系统主要功能包括：基础信息管理、运单监测、运单信息查询、统计报表、文档及通知通告、系统管理等。

图5-4　危险货物道路运输电子运单管理系统示意图

前期试点经验表明，危险货物道路运输电子运单管理制度是破解行业安全管理难题的重要抓手。通过电子运单，有效解决了部分运输企业安全管理工作薄弱，所属人员及车辆“运输货物不清楚、承托双方不清楚、起讫地点不清楚、运输路线不清楚”“监而不控”“以包代管”，危险货物道路运输车辆联网联控在线率低等问题。另一方面，通过电子运单等信息技术手段创新了监管方式，对于解决监管人员配备不足、监管手段落后、精细化程度较低等问题具有重要支撑作用。

2020年，交通运输部印发了《交通运输部办公厅关于加强危险货物道路运输运单管理工作的通知》（交办运函〔2020〕531号），要求在2021年1月1日之前，实现全国危险货物道路运输运单电子化管理。电子运单具有纸质运单不具备的便捷性、防伪性、传递性以及可追溯性，实施电子运单管理，对于促进企业规范化、标准化管理，提高行业监管科学性和精准性，带动行业降本增效具有显著效果。具体体现在：

（1）通过建立危货电子运单系统，可以推动行业的精细化监管。应用危货电子运单系统，可以记录运输行为，通过信息对企业精准画像，便于管理部门精准施策，有效解决行业安全监管责任重、精细化程度较低等问题。

（2）通过建立危货电子运单系统，可以推动行业精准化服务。应用危货电子运单系统，可以实现企业与管理部门信息交互服务，为托运人、装货人及保险机构等提供承运人基本资质信息、安全评估结果查询等服务，解决信息的互联互通及可追溯问题，也能够解决长途驾驶员返厂开单的难题。

（3）通过建立危货电子运单系统，可以推动行业精准化决策。利用电子运单能够快速汇聚行业数据，客观、准确、全面地反映危险货物道路运输市场运行动态，提高危险货物道路运输市场运行监测分析能力，推动行业监管从“经验决策”向“数字决策”转变，从监管为主向监管与服务并重转变。

第二节　高速公路路网视频监控系统

随着经济的发展，国内高速公路建设已进入高速发展时期，高速公路具有线形好、设计标准高、交通流量大、行车速度快等特点，但因其跨度长、车流量大，难以依靠人力对其进行有效管理，因此，目前很多高速公路运营机构都采用先进的信息化技术手段，通过建立路网视频监控系统，使得相关管理人员能够随时了解和掌握高速公路各个路段当时的运转情况和状态，尽早发现问题、排除安全隐患，实现高速公路的畅通。

本节总结了不同高速公路运营机构建设的监控系统，主要涉及的功能模块如下。

一、收费站子系统

收费站是高速公路运营的重要组成，也是高速公路路段内的重要场所。收费站的重要监管部位主要有收费站出入口广场、收费亭、车道以及站内场所，通过视频的可视化管理，可有效提高高速公路运营的数字化和智能化水平。

收费站监控系统主要对高速公路的收费站出入口广场、收费亭、车道进行连续24小时全天监控。监控收费站广场入口的车辆排队情况，协助维护车辆排队秩序，保障车辆的通行安全；监控收费亭内情况，监督工作人员工作情况，辅助上级部门的管理工作；监控车道的过车情况，对车辆进行车牌抓拍、车型识别、车标识别等，并结合后台系统分析实现车辆轨迹的核对、车辆查询等功能。

二、隧道子系统

隧道是高速公路安全运营管理的重点防护区，具有狭长、封闭、视野狭窄的特点，有较高的交通安全隐患，极易受到节假日、天气的影响而导致交通流量的增加，甚至发生交通事故。一旦隧道内发生事故，交通的疏导也较为困难。因此，在高速公路的运营管理中，对隧道的视频实时管控是非常必要的。

隧道监控系统可对隧道全路段进行完全的可视化监视。在正常的运行期间用以掌握交通状况，采集交通信息，便于为交通控制提供必要的依据；在发生交通事故或火灾等意外情况时进行确认，并发出相应的报警信息以及语音广播，采取相应的救援及事故处理等一揽子措施，充分发挥隧道实时监控功能。

三、道路监控子系统

道路监控系统，包括沿线监控系统、事件检测系统、车流量系统、信息发布系统等，可通过沿线的外场设施（如摄像机、显示等装置）及时、准确、完整地收集并预告前方道路的各类信息，如交通流量、事件、事故、路况等。沿线的车辆可以通过道路运营中心的信息发布系统，直观地了解交通运行状况。在发生交通异常时，运营中心能及时确定事故位置或受阻区域位置，并实时发布相应的诱导和救援信息。

四、路段监控分中心

路段监控分中心，负责路段内收费站、隧道、外场各监控设备的接入和管理，实现日常的道路运行监控和运营管理。通过视频上墙系统实现路段内道路和车辆的实时监控管理，保障高速公路的畅通；通过智能化分析系统，对路段内车辆的异常行驶行为进行实时管控；通过卡口抓拍系统，记录车辆的车牌、车型、车标等数据信息，实现车流量分析、过车记录查询、车辆轨迹识别等功能。

五、省监控中心

省监控中心能够对所有的路段进行控制，能够调用和控制所有路段的图像。在省指挥中心，考虑到与第三方系统的兼容性，设置了转码服务器，平台接入网关，并配置了双视频平台进行双机热备。除能够完成第三方设备以及平台的接入外，还能保证系统的稳定运行。

六、交通信息采集与发布子系统

交通信息采集与发布系统是公路交通安全保障体系的重要组成部分，是交通管理者及时向道路使用者发布指令或提供信息、确保行车安全的有效手段。一旦出现恶劣天气或是发生交通事故等可能影响道路的正常运行的特殊情况时，交通管理者可以及时通过LED可变情报板、可变限速标志等设备发布相关信息告知交通参与者实时交通状态以使其配合交通管制等措施的实施，保障交通顺畅。

目前可以使用多种设备对交通流进行采集，通过视频采集原理采集实时交通流由于其本身巨大的优势，在工程运用中越来越受到重视。视频交通流检测系统是一种利用图象处理技术实现对交通目标检测和识别的计算机处理系统。通过对道路交通状况信息与交通目标的各种行为的实时检测，实现自动统计交通路段上行驶的机动车的数量、计算行驶车辆的平均速度以及识别划分行驶车辆的类别等各种有关交通参数，起到监测道路交通状况信息的作用。将检测和识别到的交通信息存储起来，可为交通分析和交通管理提供依据。

综上所述，系统可将前端设备采集到的交通流量、车速、车道占有率和车辆排队长度、车头时距等交通数据，通过一定的数学模型融合处理分析后，形成对某一个路口或者某一段道路是否拥堵以及实时车速的分析判断结果，还可将诱导信息发布到LED诱导显示屏上。

第三节　长大隧道通行智能管控系统

对通行高速公路隧道的危险货物道路运输车辆、危险货物、企业、驾驶员、押运人员、线路等运行数据进行智能化监测分析，建立健全危险货物道路运输高速公路通行安全风险监测分析、分类管控、信息服务等功能，实现精细化安全风险防控，提升隧道全路网安全运行水平和全路网运行效率。

一、危险货物道路运输安全风险监测子系统

通过对隧道以及通行隧道的车辆进行监控，并整合危险货物道路运输车辆卫星定位监控、运单、视频监控等数据，对危险货物道路运输车辆通行隧道进行智能化安全风险监测分析。

1. 隧道管理

（1）设施管理，实现对隧道相关的设施信息增、删、改、查及导出等功能。

（2）隧道监测，将环境监测、交通检测、视频监测、动力监测作为检测

范围，通过数据采集控制器、传感器、探测器等设备实现数据采集、事件预警、终端报警，以实现对隧道异常事件的实时掌控。

2. 车辆管理

车辆基本信息管理：实现对车辆相关基本信息的查询、更改和删除等。可通过对接交通运输行业管理部门的道路运政信息系统或者公安部门的相关系统采集相关车辆信息。

3. 信息采集

包含通行隧道的交通流量信息和隧道环境信息采集，以及通过接口方式实现的相关业务系统的信息的采集。

4. 异常事件监测预警

包括隧道本身异常事件监控，以及对通过对通行车辆卫星定位监控、运单、视频监控等数据的对比分析发现的异常情况等，及时进行预警提醒。

二、危险货物道路运输分类评估管控子系统

对实施采集的数据进行综合安全风险等级评估，并对评估结果进行分级，根据不同等级，采取不同的管控措施。

1. 安全风险评估

整合通行车辆卫星定位监控、运单、视频监控、历史违规信息等数据，进行安全风险评估判断，并将其划分为红、黄、绿三级。

2. 综合管控

通过3D/2D隧道可视化展示，实现隧道设施的便捷控制；通过预案库实现交通设施、通风设施、照明设施、紧急呼叫设施、交通诱导设施、消防设施等的控制联动；通过基于软交换的融合通信技术实现隧道紧急电话广播的管理。

（1）预案管理，是指针对各类突发情况，预先确定应对措施的功能。预案可以同时存在多个，且根据不同需要不断进行修改、更新、删除。当采集的数据满足预案条件时，系统会自动弹出警告信息，提示用户是否执行报警预案。当用户确定执行预案后，系统会自动按照预案的控制规则对相应设施

进行操作控制。对于各类报警事件需要事先制定相应的预案。

（2）联动控制，包括隧道火灾报警联动控制、环境参数超标报警联动控制、交通阻塞联动控制。

（3）信息发布管理，可变情报板控制，是指对可变信息标志、可变限速标志、信息发布屏的显示信息进行编辑和发布，对信息发布标志的状态进行查看和控制的功能。系统集成了标准化的可变情报板通信接口，可在不同制造厂的设备之间完全兼容并具有相互操作性，规范了控制数据的格式。

（4）预警报警管理，通过隧道环境数据采集分析、视频事件检测分析、隧道事件接报等，将隧道预警报警分类处理，以全面保障隧道交通畅通、安全。通过隧道3D/2D展示图上图标变色闪烁、语音播报等手段第一时间提醒监控员进行处置，并将预警报警信息形成记录与隧道设施管理，建立设施报警预警档案。

（5）事件处置，将平台事件处置过程分为事件预警报警、事件预案处置（设施控制、调度通知等）两个阶段，以事件类型将各阶段进行业务层面的深入关联，最终形成事件档案。

（6）隧道入口控制，通过车道闸杆、爆闪灯、交通信号灯、可变信息板等设施一键控制完成隧道入口的封闭，以禁止车辆驶入。

3. 决策指挥

通过隧道3D/2D展现图、预案库、融合通信、视频分析、数据分析等深入融合，实现隧道环境多维度监测与展现、预警事件的协调调度与信息上报，以及事件信息的发布与广播、事件处置的分析研判与诱导指挥。

三、危险货物道路运输信息服务子系统

针对交通参与者、行业管理部门人员采用可变情报板、手机APP信息服务、微信或短信信息推送等不同信息服务方式，提供相应的信息服务。

同时，可以通过柱状图、饼状图等实时展现隧道内车辆滞留情况、车流量、隧道出入口的监控画面、实时的报警预警信息等。

第六章 CHAPTER 06

危险货物道路运输车辆长大隧道通行安全应急管理体系

第一节　危险货物道路运输应急管理法规制度

我国目前关于危险化学品应急救援方面的法规制度主要有：《中华人民共和国突发事件应对法》《中华人民共和国安全生产法》《中华人民共和国消防法》《危险化学品安全管理条例》《生产安全事故应急条例》《生产安全事故报告和调查处理条例》《铁路交通事故应急救援和调查处理条例》等。《中华人民共和国突发事件应对法》规定，国家建立统一领导、综合协调、分类管理、分级负责、属地管理为主的应急管理体制；突发事件发生后，履行统一领导职责或者组织处置突发事件的人民政府应当针对其性质、特点和危害程度，立即组织有关部门，调动应急救援队伍和社会力量，依照有关法律、法规、规章的规定采取应急处置措施。

在法律法规层面，危险货物道路运输法规体系包括：《中华人民共和国安全生产法》《危险化学品安全管理条例》《危险货物道路运输安全管理办法》《道路危险货物运输管理规定》等。我国在出台相关政策法规的同时也对危险货物道路运输应急保障体系、运输监管手段、运输监管体系进行了深入研究。

根据《道路危险货物运输管理规定》，危险货物道路运输企业或者单位应当加强安全生产管理，制定突发事件应急预案，配备应急救援人员和必要的应急救援器材、设备，并定期组织应急救援演练，严格落实各项安全制度。在危险货物运输过程中发生燃烧、爆炸、污染、中毒或者被盗、丢失、流散、泄漏等事故时，驾驶员、押运人员应当立即根据应急预案和危险货物道路运输安全卡的要求采取应急处置措施，并向事故发生地公安部门、交通运输主管部门和本运输企业或者单位报告。运输企业或者单位接到事故报告后，应当按照本企业或者单位应急预案组织救援，并向事故发生地应急管理部门和环境保护、卫生主管部门报告。

根据《交通运输部安委会关于贯彻落实〈安全生产法〉的通知》（交安委〔2015〕2号），各级交通运输部门、部属相关单位要加强重点领域的应急救援基地建设和应急救援队伍建设，加快推进统一指挥、反应灵敏、协调有序、运转高效的事故救援信息系统建设。积极推进危险化学品港口储存、城市轨道交通运营单位建立应急救援组织或指定兼职应急救援人员，配备必要的应急救援器材、设备和物资。不断完善各类应急预案并加强演练，切实增强预案的针对性、实用性和可操作性，不断提高防范和应对重大突发事件的能力。

《中华人民共和国消防法》规定，国务院应急管理部门对全国的消防工作实施监督管理。县级以上地方人民政府应急管理部门对本行政区域内的消防工作实施监督管理，并由本级人民政府消防救援机构负责实施。军事设施的消防工作，由其主管单位监督管理，消防救援机构协助；矿井地下部分、核电厂、海上石油天然气设施的消防工作，由其主管单位监督管理。县级以上人民政府其他有关部门在各自的职责范围内，依照本法和其他相关法律、法规的规定做好消防工作。法律、行政法规对森林、草原的消防工作另有规定的，从其规定。

《中华人民共和国安全生产法》规定，县级以上地方各级人民政府应当组织有关部门制定本行政区域内生产安全事故应急救援预案，建立应急救援体系。

《危险化学品安全管理条例》规定，国家实行危险化学品登记制度，为危险化学品安全管理以及危险化学品事故预防和应急救援提供技术、信息支持；危险化学品登记机构应当定期向工业和信息化、环境保护、公安、卫生、交通运输、铁路、质量监督检验检疫等部门提供危险化学品登记的有关信息和资料；发生危险化学品事故，有关地方人民政府应当立即组织安全生产监督管理、环境保护、公安、卫生、交通运输等有关部门，按照本地区危险化学品事故应急预案组织实施救援，不得拖延、推诿。

第二节　危险货物道路运输长大隧道通行安全应急管理

一、应急管理组织体系

根据《中华人民共和国消防法》，危险货物道路运输车辆高速公路（隧道）通行的相关管理部门包括：国务院应急管理部门、市级人民政府消防救援机构、责任单位等。高速公路隧道通行发生事故的应急救援管理部门主要包括地方政府消防部门、应急管理部门、路政部门以及高速公路运营机构等。

二、应急预案体系

为强化应对突发事故的能力，我国已经建立了应急预案相关制度，2013年，国务院办公厅印发了《突发事件应急预案管理办法》，2019年，应急管理部修改了《生产安全事故应急预案管理办法》，对生产安全事故应急预案的编制、评审、公布、备案、实施及监督管理工作提出了相关要求。各级地方人民政府也都有各自应急救援的管理要求。交通运输管理部门针对道路运输也制定有突发事件应急预案，并要求公路运营管理结构、运输企业等制定各自的应急救援。

第三节　危险货物道路运输长大隧道通行安全应急处置流程

一、消防应急救援事故处置流程

我国消防部队处置危险货物道路运输事故时主要依据《中华人民共和国

消防法》和《公安消防部队执勤战斗条令》等有关规定，按照《公安消防部队抢险救援勤务规程》以及消防应急救援相关国家标准执行。处置危险货物泄漏事故时，应当调派防化救援车、洗消车、泡沫车等特种车辆和防护、侦检、警戒、堵漏、输转、洗消等特种器材、设备和药剂，并视情报启动政府应急预案，调动公安、石化、卫生、环保、气象等相关部门及单位救援力量参与处置。以液化石油气运输事故处置为例，其处置基本程序为：接警出动、侦察检测、疏散警戒、禁绝火源、安全防护、生命救助、稀释防爆、关阀堵漏、输转倒罐（无法输转倒罐时进行主动点燃）、清场撤离。

二、地方政府应急救援事故处置流程

根据应急管理部《危险化学品事故灾难应急预案》，按事故灾难等级和分级响应原则，由相应的地方人民政府组成现场应急救援指挥部，总指挥由地方政府负责人担任，全面负责应急救援指挥工作。按照有关规定由熟悉事故现场情况的有关领导具体负责现场救援指挥工作。现场应急救援指挥部负责指挥所有参与应急救援的队伍和人员实施应急救援，并及时向应急管理部报告事故及救援情况，需要外部力量增援的，报请应急管理部协调，并说明需要的救援力量、救援装备等情况。发生的事故灾难涉及多个领域、跨多个地区或影响特别重大时，由国务院安委会办公室或者国务院有关部门组织成立现场应急救援指挥部，负责应急救援协调指挥工作。地方人民政府安全生产事故应急救援指挥机构与职责，由地方人民政府比照国家安全生产应急救援指挥机构和相关部门职责，结合本地实际确定。以广东省为例，广东省安委会编制印发了《广东省危险化学品重大生产安全事故应急预案》，明确了事故处理程序和各相关部门职责，在道路运输、生产、经营等不同事故领域规定了不同的牵头处置部门，在火灾事故、爆炸事故、易燃、易爆物质泄漏和有毒物质泄漏等不同类型的事故现场制定了针对性的事故现场处置工作重点和处置程序。

三、企业应急救援事故处置流程

根据《中华人民共和国安全生产法》，生产经营单位应当制定本单位生产安全事故应急救援预案，与所在地县级以上地方人民政府组织制定的生产安全事故应急救援预案相衔接，并定期组织演练。生产经营单位发生生产安全事故后，事故现场有关人员应当立即报告本单位负责人。单位负责人接到事故报告后，应当迅速采取有效措施，组织抢救，防止事故扩大，减少人员伤亡和财产损失，并按照国家有关规定立即如实报告当地负有安全生产监督管理职责的部门。

第四节　危险货物道路运输应急队伍建设

一、消防救援队伍

我国消防力量主要由国家综合性消防救援队伍和地方政府专职消防队伍、企事业单位专职消防队伍组成。

1. 国家综合性消防救援队伍

国家综合性消防救援队伍为主体力量，组织指导城乡综合性消防救援工作，负责指挥调度相关灾害事故救援行动。参与起草消防法律法规和规章草案，拟订消防技术标准并监督实施，组织指导火灾预防、消防监督执法以及火灾事故调查处理相关工作，依法行使消防安全综合监管职能。负责消防救援队伍综合性消防救援预案编制、战术研究，组织指导执勤备战、训练演练等工作。组织指导消防救援信息化和应急通信建设，指导开展相关救援行动应急通信保障工作。负责消防救援队伍建设、管理和消防应急救援专业队伍规划、建设与调度指挥。组织指导社会消防力量建设，参与组织协调动员各类社会救援力量参加救援任务。组织指导消防安全宣传教育工作，管理消防救援队伍事业单位，完成应急管理部交办的跨区域应急救援等其他任务。全国目前共有950多人。

2. 地方政府专职消防队伍

按照“政府投资、多种体制、公开招聘、公安管理”的形式，以合同制用工方式招收专职消防队员，组建地方政府专职消防队，全国共有1万多人。

3. 企事业单位专职消防队伍

在机场、港口、油田、电厂和其他火灾危险性较大的大型企业、事业单位设有专职消防队，全国约有7.6万人，主要担负本单位内部的消防保卫任务。

二、危险化学品专职应急救援队伍

据统计，我国共有专职危险化学品应急救援队伍480支，救护队员41625人，为危险化学品救援起到了重要的推动作用。主要包含以下几个方面：

1. 依托大型石化、石油企业建设的国家（区域）危险化学品应急救援队

政企共同出资，依托现有中央石化、石油企业的应急救援队，建设了一批国家危险化学品应急救援队和区域危险化学品应急救援队。

2. 省级地方骨干危险化学品应急救援队

各省（区、市）根据本地实际，依托有关石化企业的应急救援队，建设了本地区危险化学品应急救援骨干队伍。以广东省为例，广东省建立了23支省级骨干应急队伍，其中，广石化消防队确定为国家级应急救援队。

3. 基层危险化学品应急救援队

危险化学品企业较多的市（地、州）、县（区、市）、乡（镇）和其他小型危险化学品企业集中的地区和化工园区，采取企业联合、政企联合或地方有关部门单独出资组建的方式，建立了专业危险化学品应急救援队；或依托本行政区域综合应急救援队，充实危险化学品救援装备及人员，以满足危险化学品事故应急救援工作的需要。以国家危险化学品应急救援惠州基地为例，其坐落在惠州大亚湾化工园区内，建立了3支现役消防队、1支危险化学品应急救援专业队和7支危险化学品应急救援专职队。

三、企业危险化学品应急救援队伍

根据《中华人民共和国安全生产法》要求，危险物品的生产、经营、储存单位应当建立应急救援组织；生产经营规模较小的，可以不建立应急救援组织，但应当指定兼职的应急救援人员。以调研的巴斯夫有限公司为例，其作为国际著名的危险化学品生产企业，在所有的生产基地建立应急响应组织，在区域与国家层面建立事故与危机管理体系。巴斯夫有限公司制定了应急响应导则，建立了厂内应急体系和厂外应急体系，提供了电话建议、现场建议和现场技术支持三级响应。此外，巴斯夫有限公司将物流供应商的应急管理融入其物流管理体系，通过对物流供应商的管理评审并将评审纳入物流采购环节、合同约定、对供应商提供培训、提供有效的场外应急支持等手段，持续改进物流供应商的应急管理能力。

巴斯夫（中国）有限公司应急救援队伍介绍

巴斯夫有限公司（BASF）是一家德国的化工企业，也是世界最大的化工厂之一。巴斯夫有限公司在欧洲、亚洲、南美洲、北美洲的41个国家拥有超过160家全资子公司或者合资公司，共有员工112435人。巴斯夫有限公司主要商业领域是化学品、塑料、功能性化学品、农用化学品和食用化学品、石油和天然气。巴斯夫（中国）有限公司建立于1996年，大中华区总部设于上海。在中国除石油与天然气业务以外，其他业务都有开展，共有25个全资子公司、5个合资公司、24个生产基地、20个销售办事处，8416名员工，2015年销售57亿欧元。其中山东济宁、南京、上海漕泾的一体化异氰酸酯项目、上海浦东、重庆建有生产基地。BASF对安全和应急工作高度重视，其安全标准执行总部统一标准，凡是涉及其产品的生产、运输、销售、使用环节的安全都高度关注，尤其是运输与分销安全，将物流供应商的应急管理融入巴斯夫物流管理体系，对物流供应商场外应急能力进行评审考核，响应要求纳入合同约定，降低运输过程中总的事故风险。巴斯夫（中国）有限公司设有24小时应急电话，专人值班，与上海消防总队共建1个消防队，在生产基地设有企业消防队。

按照《道路危险货物运输管理规定》的要求，危险货物道路运输企业或者单位应当加强安全生产管理，制定突发事件应急预案，配备应急救援人员和必要的应急救援器材、设备，并定期组织应急救援演练，严格落实各项安全制度。以调研的上海中石化工物流股份有限公司为例，作为全国危险货物道路运输服务联盟成员之一，其建立的应急救援队伍，不仅是本企业的应急救援保障，还协助联盟其他成员应急救援，并被地方应急管理部门、交委等部门纳入了行业应急救援队伍。

四、应急救援咨询机构

我国的主要应急救援机构是国家安全生产监督管理总局化学品登记中心。国家安全生产监督管理总局化学品登记中心，原名为国家化学品登记注册中心，是我国危险化学品安全管理的综合性技术支持单位。主要职责包括：危险化学品登记、化学事故调查与应急响应、危险化学品安全生产标准化、危险化学品法规标准建设、化学品危险性鉴定与分类工作，与消防部门工作联系紧密。

1. 危险化学品登记

根据《危险化学品安全管理条例》和《危险化学品登记管理办法》，登记中心负责组织、协调和指导全国危险化学品登记工作。截至2015年12月，全国共登记危险化学品生产企业1.9万余家，建立起了国家危险化学品基础数据库，为国家实施源头管理和安全规划，构建化学品危害预防控制和预警机制奠定了重要的基础，为危险化学品安全管理、事故预防和应急救援发挥了重要作用。

2. 化学事故调查与应急响应

1）应急咨询电话

全天24小时值班，由1名运行主管、1名日常坐班专家、4名远程支持专家、9名应急值班专员、2名业务处理人员组成，还有专业的应急响应人员、经验丰富的专家团队，为事故现场或医院提供专业咨询指导。截至2016年7月，共计接到116000余个来电，其中化学品咨询电话8400多个，典型事故应急电话2100余个。2015年接到咨询电话16000余个，其中化学品信息咨询700个，典型化学事故咨询210余个。咨询内容包括化学品火灾、爆炸、泄漏处置，中毒急救措施等，在社会上已具有较大的影响力。2005~2015年，国家危险化学品事故应急咨询电话共计接到各类危险货物运输事故299起，占所有事故总数的15%。299起运输事故中，按照事故类型统计，泄漏事故最多，为239起，占80%；所有事故中有56起由消防队拨打，占20%。

2）应急数据库资源

（1）应急响应数据库。包括化学事故应急响应数据库系统（包含14000多家会员单位信息数据以及多种应急资源的综合性管理平台，拥有175000个化学产品的SDS数据）、全国危险化学品登记数据库（包含全国危险化学品登记管理系统中19000家化学品从业单位的基本信息以及100000多个产品的安全技术信息）。

（2）化学品信息数据库。引进了世界上十几个权威数据库，包括ChemInfo、RTECS、 IRIS、 Chemdata、ChemWatch、TSCA等；开发自主知识产权的3000种常见化学品数据库，从国内引进针对中毒事故的chemaid（化救通）和农药电子手册等。

（3）化学事故案例数据库。拥有14000多个基础化学事故，370多个典型案例，100余个事故动画模拟数据库。

（4）专家数据库。由来自化学品登记中心、中石化安全工程研究院等多家单位的40多位从事化学品安全和事故应急救援工作、经验丰富的专家们组成核心专家团队和超过500人的会员企业危险化学品技术一线专家，熟悉各自领域的危险化学品特性，具备丰富的现场应急处置经验的会员企业专家库。

（5）基于GIS的危险化学品数据应用系统。包括全国危险化学品生产、使用、储存企业分布、危险化学品应急救援专业队伍信息、危险化学品废弃处置单位、全国中毒急救网等。

（6）三大石油化工公司应急联动平台。在中国石油、中国石化、中国海油三大石油化工公司成立的应急救援联动协调小组中，作为秘书处，负责应急资源共享数据库和专家库的建设和维护，为三大石油化工公司应急救援联动提供技术支持。目前该平台已经投用，拥有200多家分支企业的应急救援力量分布和应急装备动态数据库。

3. 危险化学品安全生产标准化

为全国危险化学品安全生产标准化工作提供技术支撑。起草了《安全标准化通用规范》及《氯碱企业实施指南》等8个AQ标准，及《评审标准》《评审管理办法》等规范性文件。培训安全生产标准化人员3万余人，建立了一定规模的安全标准化工作队伍。

4. 危险化学品法规标准建设

制修订了危险化学品安全管理法律法规标准和规范性文件。参与修订了《危险化学品安全管理条例》，起草了《危险化学品登记管理办法》《化学品物理危险性鉴定与分类管理办法》《危险化学品使用许可证管理办法》4部部门规章及相关配套文件文书，以及《危险化学品目录》《重点监管的危险化学品名录》《重点监管的危险化工工艺目录》等8个重要目录，编制了《化学品安全技术说明书内容和项目顺序》《化学品安全技术说明书编写指南》《化学品安全标签编写规定》《化学品作业场所安全警示标志规范》等20余项危险化学品安全标准。

5. 化学品危险性鉴定与分类工作

为全国化学品物理危险性鉴定与分类提供技术支持，对分类结果进行评估与审核，建立国家化学品物理危险性鉴定与分类信息管理系统，目前建有先进的化学品危险性鉴别实验室，取得了交通运输部、农业农村部、生态环境部及山东省海事局等部门的鉴定资质或授权，为化学品安全监管及铁路、海运、航空、公路运输货物等提供危险性检测检验及鉴定服务。如对2011年京珠高速公路河南信阳“7·22”特别重大卧铺客车燃烧事故涉及的危险化学品“偶氮二异庚腈”，进行危险性参数测试与事故模拟，为确定事故原因提供了重要的实验证据。

第五节　危险货物道路运输应急救援平台

我国应急救援信息平台主要分为国家级平台、省级平台和园区平台三个层次。

国家级平台如国家安全生产监督管理总局化学品登记中心，原名为国家化学品登记注册中心，是我国危险化学品安全管理的综合性技术支持单位。根据《危险化学品安全管理条例》和《危险化学品登记管理办法》，登记中心负责组织、协调和指导全国危险化学品登记工作。截至2015年12月，全国共登记危险化学品生产企业1.9万余家，开发了危险化学品登记信息管理系统，建立起了国家危险化学品基础数据库，为国家实施源头管理和安全规划，构建化学品危害预防控制和预警机制奠定了重要的基础，为危险化学品安全管理、事故预防和应急救援发挥了重要作用。化学品登记中心还开通了国家危险化学品事故应急咨询电话，7×24小时应急响应，为政府部门提供重特大事故1～4号应急信息（危害特性、专家名单、应急处置建议、同类事故案例）；协调医疗救护、废弃处置单位进行人员救护或化学品处置；为事故现场提供SDS信息和应急处置措施；协调应急救援专家和产品专家，为现场提供指导。

危险化学品事故应急响应流程如图6-1所示。

省级平台是各省安全生产监管部门或各省安全生产应急救援指挥中心建设的应急处置平台。如广东省安全生产应急救援指挥中心建设了全省范围内的安全生产事故应急处置指挥平台，建立了十几个应急救援基地，确定了23支省级骨干应急队伍，60人的应急处置专家队伍。省内发生重大安全生产事故后，由平台调用相关资源，统一指挥救援。

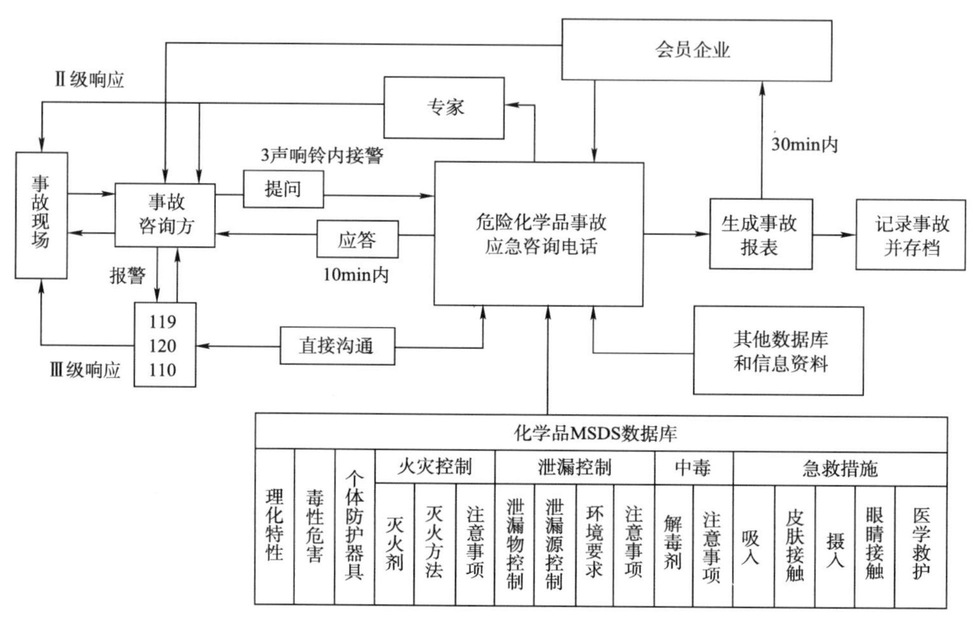

图6-1　危险化学品事故应急响应流程

园区平台是指在较大的化工园区内设置的危险化学品事故应急救援基地建设的平台。如大亚湾化工园区内的国家危化品应急救援惠州基地，建立了应急指挥平台，结合“3+1+7”的救援力量（3支现役消防队、1支基地专业救援队、7支企业专职救援队），可指挥救援园区内发生的危化品事故和园区企业在周边区域发生的事故，也可以协助地方政府在周边区域实施社会救援。该基地作为国家试点项目，其平台已与广东省应急指挥平台和国家应急指挥平台对接。

参考文献

[1] Eva J, Ján M, Peter D. Risk and Incidents Assessment in Slovak Road Tunnels [J].Procedia Engineering,2017,192:376-380.

[2] Nigel Casey. Fire incident data for Australian road tunnels [J]. Fire Safety Journal,2020,111:1029.

[3] Julio F, Liliana L. Safety Analysis of Transportation Chain for Dangerous Goods: A Case Study in Colombia [J].Transportation Research Procedia, 2016,12:842-850.

[4] Sylwia B. The method of optimal route selection in road transport of dangerous goods [J].Transportation Research Procedia,2019,40:1252-1259.

[5] FabianoB,PalazziE,CurròF,PastorinoR.T6-3-Risk assessment and decision-making strategies in dangerous good transport. From an Italian case-study toageneral frame work, Prevention and Safety Promotion in the Process Industries [J].ElsevierScienceB.V.,2001:955-966.

[6] Fabiano B, Currò F, Reverberi A, Pastorino R. Dangerous good transportation by road: from risk analysis to emergency planning [J].Journal of Loss Prevention in the Process Industries,2005,18:403-413.

[7] Xiaoyong L, Lijing Z, Song G, Ming F. A simplified method to evaluate the fire risk of liquid dangerous chemical transport vehicles passing a highway bridge [J].Journal of Loss Prevention in the Process Industries,2017,48:111-117.

[8] Shanshan F, Xinping Y, Di Z, Chaoyu L, Enrico Z. Frame work for the quantitative assessment of the risk of leakage from LNG-fueled vessels by an event tree-CFD [J].Journal of Loss Prevention in the Process

Industries,2016,43:42-52.

[9] Andrea C, Chiara R, Enrico S. A Risk Assessment for Road Transportation of Dangerous Goods: A Routing Solution [J] .Transportation Research Procedia,Volume 14,2016:2890-2899.

[10] Konstantinos K. Athanasios Rentizelas,Introducing the STAMP method in road tunnel safety assessment [J] .Safety Science,2012,5(9):1806-1817.

[11] Xiaobo Q, Qiang M, Vivi Y, Yoke Heng Wong. Design and implementation of a quantitative risk assessment software tool for Singapore road tunnels [J] .Expert Systems with Applications,2011,38(11):13827-13834.

[12] Panagiotis N, Konstantinos K. Applying astochastic-based approach for developing aquantitative risk assessment method on the fire safety of underground road tunnels [J] . Tunnelling and Underground Space Technology,2018,81:619-631.

[13] Panagiotis N, Konstantinos K. Evaluating the role of risk assessment for road tunnel fire safety: A comparativere view within the EU [J] . Journal of Trafficand Transportation Engineering(English Edition),2019,6(3):282-296.

[14] Niu S, Ukkusuri S V. Risk Assessment of Commercial dangerous-goods truck drivers using geo-location data: a case study in China [J] . Accident Analysis & Prevention, 2020, 137: 1-14.

[15] Benekos I, Diamantidis D. On risk assessment and risk acceptance of dangerous goods transportation through road tunnels in Greece [J] .Safety Science,2017,91:1-10.

[16] Johan L, Lars A. Road tunnel restrictions Guidance and methods for categorizing road tunnels according to dangerous goods regulations(ADR) [J] .Safety Science,2019,116:170-182.

[17] Petelin S, Luin B, Vidmar P. Risk Analysis Methodology for Road Tunnels and Alternative Routes [J] .StrojniskiVestnik,2010,56(1).

[18] Li P, Qu X. Optimal Allocation of Tunnel Safety Provisions Based on a Quantitative Risk Assessment Model [J] . Entific programming,2016,2016 (PT.2):9628095.1-9628095.5.

[19] Quantitative operational risk analysis for dangerous goods transportation through cut and cover road tunnels [M] . CRC Press, 2010.

[20] Quantitative Risk Assessment of Heavy Goods Vehicle Transport through Tunnels-the Tauern tunnel Case Study [J] . 1st International Conference Tunnel Safety and Ventilation, Graz, 2002,4,8-10.

[21] Didier lacroix, Philippe cassini, Robin hall, Frank saccomanno. Transport of dangerous goods through road tunnels: an integrated QRA model developed under the joint [J] . OECD/PIARCP project ERS2 [J] . the International ESReDA Seminar, Oslo, 1999,5,19-21.

[22] Ciro Caliendo, Maria luisa de Guglielmo. Risk assessment of dangerous goods in road tunnels [J] . Wseas transactions on environment and development, 2016,12,307-313.

[23] Ciro Caliendo and Maria Luisa Guglielmo. Simplfied method for risk evaluation in unidirectional road tunnels related to dangerous goods vehicles [J] . International Journal of Civil Engineering and Technology, 2017,6(8), 960-968.

[24] Konstantinos Kazaras and Myrto Konstandinidou and Zoe Nivolianitou and Konstantinos Kirytopoulos. Enhancing Road Tunnel Risk Assessment with a Fuzzy System Based on the cream Methodology [J] . Engineering Chemical engineering transactions, 2013, 206-212.

[25] R.M.L. Nelisse, A.C.W.M. Vrouwenvelder. Assessment model for the transport of dangerous goods through road tunnels [J] . Presentatie op Symposium on Tunnel Safety and Security, New York, 2012,1, 1-9.

[26] 联合国欧洲经济委员会. 危险货物国际道路运输欧洲公约（2015版）

［M］. 交通运输部运输服务司,译. 北京:人民交通出版社股份有限公司, 2016.

［27］中华人民共和国交通运输部. 危险货物道路运输规则　第1部分:通则（JT/T 617.1—2018）［S］.北京:中华人民共和国交通运输部,2018.

［28］中华人民共和国交通运输部. 危险货物道路运输规则　第5部分:托运要求（JT/T 617.5—2018）［S］.北京:中华人民共和国交通运输部,2018.

［29］孔德刚. 高速公路隧道安全风险应对策略研究［J］. 交通世界,2019, 19: 86-87.

［30］武斌, 彭世涛, 王晓丽. 公路危险货物运输相关风险控制措施研究［J］. 科技创新与应用, 2017, 7:282.

［31］刘犀子. 气体类化学品道路运输事故风险评价［D］.北京:北京交通大学, 2017.

［32］杨波, 郝霆. 浅析监控系统在隧道中的作用—以无锡市蠡湖大道快速化改造为例［J］. 江苏建筑, 2019, 5:114-120.

［33］詹伟. 山区高速公路长大隧道群区域交通安全保障技术研究［D］.西安:长安大学, 2013.

［34］张杨. 秦岭终南山公路隧道应急处置方案研究［D］.西安:长安大学, 2017.

［35］杨小昌. 危化品道路运输风险评估、过程监测与应急救援系统设计［D］.广州:华南理工大学, 2017.

［36］董丹慧. 危化品道路运输风险评价研究［D］.哈尔滨:哈尔滨工程大学,2017.

［37］姜龙. 危险化学品道路运输风险评估系统的应用研究［D］.南昌:华东交通大学,2017.

［38］罗江浩. 我国隧道桥梁危险货物运输管理的设想［J］.综合运输, 2015, 3:43-46.

［39］吴金中,范文姬,杨富峰. 危险货物道路运输运单电子化管理研究［J］.公路交通科技, 2015, 12:12-18.